Inhalt

W0413038

Vorwort mit Bildbetrachtung

Ein Buch über Berührung, und auf dem Umschlag eine junge Frau, die unberührbar erscheint in ihrer hochstilisierten Einsamkeit: drapiert wie ein erstarrtes Stilleben; die Haut geglättet bis zur Makellosigkeit; die Falten der Bluse kunstvoll geschwungen, als käme sie gerade aus einem Salon, wo sie einer Dichterlesung oder einer musikalischen Darbietung gelauscht hätte, und hinge noch versonnen dem Widerhall der Kunst in ihrer Seele nach. Also ein romantisches Idyll, gestaltet nach dem Ideal einer verzauberten Naivität, die noch nichts weiß und doch schon alles ahnt und darüber ein wenig schwermütig geworden ist.

Aber das Bild läßt sich auch als das Konterfei einer Patientin im Erstinterview deuten. Dabei rückt der Betrachter in die Rolle des Therapeuten, der sich, zunächst ganz averbal, einer Fülle von Informationen, Gesten, Haltungen, Blickrichtungen ausgesetzt sieht, die ihn sowohl berühren wie befremden, anziehen wie in die Ferne rücken. Er kann nicht einmal ganz sicher sein, ob die Frau ihn ansieht oder knapp an ihm vorbei oder durch ihn hindurch blickt. Er spürt vielleicht die Sehnsucht, die Schwermut, eine Fülle von Fragen und Erlösungswünschen und dennoch eine tiefe Skepsis; so, als wären diese Augen schon in schmerzlicher Weise erfahrungsgesättigt, ohne daß die Beteiligten wissen, welches Leid den Blick so verhangen macht.

Vittoria – so der Titel des Gemäldes – scheint den Kopf nicht halten zu können oder ihn wenigstens aufstützen zu müssen. Aber der Maler hat ihr nicht die geringste Verformung des Gesichts zugemutet, es bleibt ikonenhaft rein und ebenmäßig. Und ebensowenig gibt das Knie dem Druck des Ellbogens nach; so, als könne ihr eigenes geheimes Ichideal stärker die Wahrnehmung bestimmen als die Gesetze von

Druck und Gegendruck, von Kontur und Konturveränderung. Der Maler wollte sie als Ideal darstellen und mutet ihr dadurch einen Verlust an Lebendigkeit zu, den ich hier einmal als der Depression zugehörig betrachte, die allerdings noch nicht um sich weiß. Nur der rustikal-mächtige Unterkörper, dessen Bekleidung im Gegensatz zu der der Brust recht grob drapiert ist, spricht noch von einem zweiten, wenn auch stillgelegten Leib, der eine sehr verschiedene Form des Statuarischen aufzeigt. Zu ihm könnten auch ein ganz anderer Oberkörper und Kopf gehören.

Das Mädchen sollte oder wollte wohl Getreide mähen, aber man sieht im Kornfeld keinerlei Spuren einer solchen Betätigung. Dafür liegt die Sichel fast achtlos am Boden, als sei es viel zu schwer, sie zu handhaben. Die Früchte weisen allerdings auf einen vor ihr liegenden möglichen Garten hin, der aber nicht sichtbar wird. Aktivität scheint eine Zumutung für diese Frau. Dafür spricht schon das nicht befestigte Kopftuch, das bei der erstbesten Bewegung herunterfallen würde. Es ist eher ein textiler Heiligenschein als ein wirksamer Schutz bei der Arbeit mit der Sichel unter der Sonne. Also handelt es sich hier auch nicht um ein Bild der Ruhe nach oder vor der Arbeit. Es ist durch und durch ein meditatives Beziehungsbild, wobei der Inhalt der Verbindung oder der Verbindungssuche zunächst weitgehend rätselhaft bleibt, und das verführt ja dazu, ihn diagnostisch oder beziehungsanalytisch zu entziffern. Seinem Sog kann man sich nur schwer entziehen.

Vollkommen unklar ist der weiße Sack, auf dem sie sitzt. Er könnte natürlich gemähtes Gras für die Ziegen zu Hause enthalten, dann hätte sie doch ein wenig gearbeitet und ruhte sich aus. Doch nun kommen weitere kleine Rätsel, die in der Gegenübertragung etwas Scham erzeugen. Das linke Ende des Sackes erscheint in einem so anderen Weiß – und dies ist nicht von den Lichtverhältnissen her zu erklären –, daß man zu vermuten beginnt, der weiße, leicht geblähte

Stoff sei doch etwas anderes, zum Beispiel ein Stück des Unterrocks. Wie bei manchen Patienten, bei denen sich Depression und milde Hysterie verbinden, ist das Sexuelle oft in Spuren anwesend, und man traut sich lange nicht, es anzusprechen. Das Unrecht der Phantasien und des Thematisierens liegt beim Therapeuten, der sich leicht verdächtigt, lüstern oder übergriffig zu sein oder das erotische Gras wachsen zu hören.

Aber der Maler legt dichtere Spuren. Da liegen Evas Apfel, nicht gerade angeboten, aber doch unübersehbar, und ein kleiner Kürbis in der Form eines Busens oder eines Busenpanzers. Die Prallheit des größeren Kürbis ist nicht geeignet, die Phantasien zu mildern, man ist geneigt, von einer Symphonie der Rundungen zu sprechen, die sich über das ganze Bild hin zieht. Noch mehr geniert man sich zunächst seiner Gegenübertragung, wenn man in dem dunklen Baumstamm, an den Vittoria sich fast anzulehnen scheint, einen knorrigen und geäderten Phallus erblicken will, der sich groteskerweise als Stütze anbietet. Und wenn man den Blick den Stamm hinaufgleiten läßt, stößt man auf einen kleinen Durchblick zum Abendhimmel, der aber durch die Anordnung der Blätter als das Gesicht einer Eule oder gar der Kopf einer züngelnden Schlange gestaltet ist. Ganz unschuldig in seinen Phantasien und romantisch in die Idealität versponnen kann der Maler nicht gewesen sein, der so viele biblische Assoziationen ins Bild verteilt. Oder aber es liegt ganz an uns, die unbewußten Gehalte zu sehen und zu entziffern. Natürlich könnte die am Boden liegende Sichel auch noch zum Symbol der abgemähten Unschuld erkoren werden. Dann läge in dem Gesicht zusätzlich etwas von dem Staunen und der Trauer des »Morgens danach«, wie ihn Edvard Munch in einer Reihe von weit wissenderen und auch anklagenden Bildern gemalt hat.

Sie, Vittoria, ist gleichzeitig Frau und Kind, und es dürfte ihr selbst unklar sein, als was sie gesehen werden will.

Würde man, als Therapeut, nur das Kind in ihr sehen, das mit ungestillter Sehnsucht und Hoffnung auf Geborgenheit, vielleicht auch mit innerer Heimatlosigkeit lebt, dann würde man der Frau in ihr Unrecht tun. Beachtet man aber nur die Frau, dann übersieht man ein tränenlos schwermütiges Kind, das sein Unglück hinter dem hübschen Äußeren verbergen kann oder muß.

Vittoria scheint in heiratsfähigem Alter, und man fürchtet, daß sie von ihren Eltern an einen Gatten nach deren Wahl vergeben wird, weil man ihr eine selbständige Entscheidung kaum zutraut oder weil das in ihrer Heimat nicht üblich ist. Sie wäre verloren im Reich der fröhlichen Dorfgeselligkeit, die ein wenigstens halbfreies Suchen und Finden, Erkennen und Sich-Auseinandersetzen unter Partnern erlaubt. Außerdem erschwert in gewisser Weise ihre Schönheit, neben ihrer eigenen befangenen Ausstrahlung, die Aufnahme von Kontakten: Sie macht die Männer befangen, narzißtisch begehrlich und insgeheim lüstern, mit entsprechender Rückwirkung auf das Mädchen, das nicht weiß, was es braucht. So lebt es als Ikone erstarrt in einem Gefängnis.

Gerade diese Mischung von erlösungsbedürftigem Kind, das im Grunde mütterlichen oder väterlichen Schutz und freudige Antwort auf seine Existenz als kleines Mädchen wie als Heranwachsende sucht, durchaus ergänzt durch die bejahende Zuwendung eines Vaters, und dem verheißungsvoll Weiblichen in der Patientin macht das bedrohlich Verlockende der Anziehung auf manche männlichen Therapeuten aus. Sie könnten die narzißtische Bestätigung und sexuelle Verschmelzung aus eigener bedrängender Bedürftigkeit suchen. Der Glanz der Idealisierung durch die Patientin scheint den fehlenden Glanz im Mutterauge ersetzen zu können.

Der weibliche therapeutische Blick und also auch die Gegenübertragung unterscheiden sich an manchen Stellen von denen des Mannes: Einer körpertherapeutisch sehr erfahrenen Kollegin war es fremd, in dem Weiß unter den Kürbissen oder Melonen einen Fetzen Unterrock zu wittern. Und die großen Früchte wären diesem Blick nach weniger deutliche Zeichen weiblicher Rundungen als vielmehr Symbole der Fruchtbarkeit, ebenso wie der große, leicht geöffnete Schoß. Die Therapeutin fühlte sich, verständlicherweise, eher als Mutter angesprochen, bei der eine verwirrte und tief bedürftige Tochter Hilfe sucht; und infolge der Erfahrungen in der Nachsupervision von gefallenen oder in Versuchung geratenen männlichen Therapeuten verwies sie auf einen bedrohlichen Aspekt der vielfach ineinandergefalteten Weiblichkeit und ihrer Spiegelung in der männlichen Seele: Sie sah in der sehnsüchtig-verheißungsvoll blickenden Tochter das Bild der erlösenden jugendlichen Mutter für den Mann verborgen, der sich in der vermeintlichen Vaterposition der Therapeutenrolle erlösen lassen kann von der parentifizierten Tochter, die ihm ein wissendes Verstehen und eine tröstende Zärtlichkeit und Sexualität verspricht, wo er doch der Wissende und Haltgebende sein sollte. Dies könnte auch dazu führen, daß die Patientin allzulange in der Kind- und Tochterrolle festgehalten wird, weil die Entfaltung der erwachsenen Sexualität in der Frau den Mann bedrohen könnte, der sich als leicht erotisierter Tochtervater am wohlsten fühlt. Genug der Verdächtigung der männlichen Schwachstellen! Das Thema »Liebe, Erotik, Sexualität in der Körperpsychotherapie« wird facettenreich diskutiert in Thomas Ehrenspergers Buch *Bioenergetik im Spannungsfeld der Geschlechter**, in dem von einer neuen Ethik der Berührung in der Psychotherapie gesprochen wird.

* Thomas P. Ehrensperger (Hg.), *Bioenergetik im Spannungsfeld der Geschlechter. Liebe, Erotik, Sexualität in der Körperpsychotherapie*, Basel 2000.

Wie hängt dies alles mit dem Thema des Buches, der »Berührung auf der Couch«, zusammen? Taucht Berührung bedrohlich ein in die Verwirrung des Kindes zwischen der »Sprache der Zärtlichkeit« und der »Sprache der Leidenschaft« (Sándor Ferenczi)? In der unverfrorenen Sprache der Halbstarken hat Vittoria einen »Schlafzimmerblick«, ein geringschätziger Ausdruck für die Mischung aus kindlicher Sehnsucht nach haltender Verschmelzung und dem möglichen Nicht-Unterscheiden- und nicht Widerstehen-Können, wenn diese oft dranghafte Sehnsucht auf sexuellem Wege befriedigt zu werden verspricht, weil kaum andere Bilder für tröstende, haltende und scherzende Nähe verfügbar sind. Der suchende Blick spricht für eine Verwirrung der inneren Objekte oder dafür, daß die ursprünglichen Personen hinter ihnen abweisend, grausam, verständnislos, sexualisierend oder Verwirrung stiftend waren, so daß sich ein ursprünglich nach außen gewandter, zuversichtlicher und erkennender Blick, der Grenzen und Klarheit zu setzen vermag, nach innen gewandt hat.

Dieses Buch versucht unter anderem zu klären, wie dem ratlos fragenden Blick von Vittoria und der dahinter fühlbar werdenden Struktur der Störung nach meinen Erfahrungen körperpsychotherapeutisch zu begegnen wäre. Es will keine Monographie sein über das Verhältnis von Psychoanalyse, Körpertherapie, Säuglingsforschung und Behandlungslehre. Es berücksichtigt auch nicht den letzten Stand der Forschung auf diesen Gebieten und die zum Teil noch ausstehende Integration dieser komplexen Themen. Eher ist es eine »Handreichung« des Praktikers für tiefenpsychologisch orientierte Psychotherapeuten, die, wie ich auch, bei einzelnen Patienten mit ihrem Latein am Ende waren oder sind und überlegen, ob die Einbeziehung des Körpers in einigen Fällen Hilfe leisten könnte. Ich habe während der Niederschrift keine anderen Publikationen mehr konsultiert, weil ich nur die Formen der Berührung darstellen wollte, die ich selbst praktiziere, zusammen mit meinen damit verbundenen affektiven Reaktionen und natürlich denen der Patienten.

Zunächst aber nenne ich die Quellen für meine Formen des berührenden Kontakts mit dem Patienten. Da sind einmal die eigene Selbsterfahrung als Patient in einer langen körperanalytischen Therapie *nach* der Lehranalyse sowie intensive Erfahrungen in einer körpertherapeutischen Ausbildung bei Albert Pesso*; davor allerdings in einem langen Suchprozeß Selbsterfahrung in Bioenergetik, Primärtherapie, Bonding und Atemtherapie. Darüber hinaus die inzwischen knapp zwanzigjährige praktische Erfahrung im Umgang mit Berührung mit meinen Patienten, zunächst in Frankfurt meist noch im Schutz der Gruppe, seit 1978 in Freiburg auch zunehmend in der Einzelarbeit. Weiter die intensive Supervisions- und Intervisionsarbeit mit einzelnen Kollegen und mit zwei Kollegengruppen; die Lektüre der zunehmenden Zahl von Arbeiten zur analytischen Körperpsychotherapie und die gemeinsame Lehrtätigkeit in Seminaren mit zwei analytisch orientierten Kolleginnen, die einen ähnlichen Weg gegangen sind.

Alle analytischen Kollegen, die mit Berührung zu arbeiten begonnen haben, waren zunächst von einer gewissen Isolierung bedroht, manchmal auch von Diffamierung, soweit sie es nicht vorgezogen haben, die körpertherapeutischen Elemente erst einmal heimlich einzubeziehen. Inzwischen braucht man sich nicht mehr zu verstecken, wenn man sich nicht gerade um höhere Ämter in den analytischen Institutionen bewerben will.

Manche konservativeren Analytiker wollen der analytisch orientierten Körperpsychotherapie die Bezeichnung Psychoanalyse absprechen, obwohl sich alle, die sie, mit

* Vgl. Tilmann Moser/Albert Pesso, *Strukturen des Unbewußten*, Stuttgart 1991/Frankfurt a.M. 1998.

einer vollen psychoanalytischen Ausbildung, praktizieren, als Psychoanalytiker oder Tiefenpsychologen verstehen und bezeichnen. Das ist eher eine Frage der Perspektive. So schnell wird man seine analytische Identität gar nicht los, oder umgekehrt: Sie läßt einen nicht los, auch wenn man sie, wie ich hoffe zum Wohle der Patienten, in einem langen Prozeß allmählich erweitert. Die Grundangst der Psychoanalytiker, die auch alle schriftlichen Kontroversen durchzieht, ist die vor der Sexualisierung des Patienten oder der therapeutischen Beziehung oder vor dem Mißbrauch der Patienten. Deshalb möchte ich das Buch mit diesem Thema beginnen, obwohl es mir längst nicht mehr das zentrale zu sein scheint. Doch Näheres dazu möchte ich erst später ausführen, wenn der Leser sich bereits ein Bild von den Formen der Berührung gemacht hat.

Prolog über die erotische Hexe: Die Angst vor der Sexualisierung

Ein packendes Beispiel für einen Analytiker, dessen intensive Berührungen seiner Patientin in einer beruflichen Katastrophe endeten, entnehme ich dem spannenden Psychokrimi *Die rote Couch* von Irvin D. Yalom. Manche Leser werden das Buch kennen, wenn nicht, empfehle ich es herzlich zur therapeutischen Ferienlektüre. Die Patientin Belle aus dem ersten Kapitel ist eine ebenso drängend wie vorwurfsvoll die Berührung fordernde Hysterika. Der Analytiker experimentiert mit mehreren Varianten der klassischen Technik, weil er der Überzeugung ist, daß jeder Patient seine eigene Therapie brauche. Schon mit dieser Theorie ist er ideologisch vom Pfad der orthodoxen Tugend der Methodenreinheit abgewichen. Doch hören wir selbst, was er dem interviewenden Kollegen von der Ethikkommission berichtet:

»Körperlicher Kontakt war für Belle außergewöhnlich wichtig: Sie bestand darauf, daß wir uns berührten, und hörte nie auf, darauf zu bestehen. Sie drängte und drängte und drängte. Unaufhörlich. Aber ich konnte es verstehen: Belle hatte es in ihrer Kindheit stets an Berührung gemangelt. Ihre Mutter starb, als sie noch ein Säugling war, und sie wurde von einer Reihe distanzierter schweizerischer Gouvernanten großgezogen. Und ihr Vater! Stellen Sie sich vor, bei einem Vater aufzuwachsen, der unter einer Keimphobie leidet. Er berührte sie nie, trug immer Handschuhe ... Ganz allmählich ... war ich durch Belles unaufhörlichen Druck so weichgeklopft worden, daß ich begann, unsere Sitzungen regelmäßig mit einer onkelhaften Umarmung zu beenden. Onkelhaft? Das bedeutet ›wie ein Onkel‹. Aber was auch immer ich ihr gab, sie verlangte mehr, versuchte ständig, mich auf die Wange zu küssen, wenn sie mich umarmte. Ich bestand immer darauf, daß sie die Grenzen wahrte, und sie bestand immer darauf, gegen diese Grenzen anzukämpfen.«

Und nun kommt ein entscheidender Satz, der aber leider folgenlos bleibt, weil der engagierte Analytiker keine Ahnung von Körperpsychotherapie hat: »Aber sie war ein Kind in einem Frauenkörper – einem umwerfenden Frauenkörper übrigens –, und ihr Verlangen nach Kontakt flaute nicht ab.« Die Patientin verlangt Kindhaftes und Erwachsenes in buntem Durcheinander, aber letztlich vermag sie aus eigener Kraft und Einsicht nicht zu unterscheiden zwischen primären Bedürfnissen nach Berührung und ihrer Sexualisierung. Einzig wenn ihre Hand gehalten wird, kann sie sich beruhigen, und die Therapie gedeiht. Aber Belle will intensivere Berührung, das Drängen wird suchtartig, sie rächt sich für die Frustration, indem sie ungeniert von ihren phantasierten erotischen Ausschweifungen mit dem Analytiker berichtet.

Allmählich sexualisieren sich auch die Phantasien des Analytikers, und in seiner Not und einem Versuch, die Spannung doch noch fruchtbar zu handhaben, läßt er sich auf einen Deal ein: Er sagt ein erotisches Wochenende mit ihr nach Ablauf von weiteren zwei Jahren Therapie zu, um sie zum Weitermachen zu bewegen. Die Therapie kommt tatsächlich wieder in Fluß, aber die Hoffnung des Analytikers, daß das Begehren nachlassen werde, erfüllt sich nicht. Die beiden verbringen, wie versprochen, ein leidenschaftliches Wochenende miteinander, werden ertappt, und die Ethikkommission tut ihre Pflicht und besorgt den Ausschluß aus der Berufsvereinigung.

Dieses Beispiel könnte allen Psychoanalytikern und analytischen Therapeuten zur Warnung dienen. Wehret den Anfängen: Wer der Hexe den kleinen Finger gibt, von dem will sie die ganze Hand; oder sie verschlingt ihn mit Haut und Haaren. In dem beschriebenen Fall scheint zunächst und vordergründig eher der Therapeut das Opfer zu sein.

Im Schlußbild sind dann beide verstrickt. In den meisten Fällen läuft es wohl umgekehrt: Der Therapeut mißbraucht die Gefühle der Sehnsucht nach Geborgenheit, um zu sexuellen Zielen zu gelangen. Statistisch scheint der Mißbrauch gleichmäßig durch die Therapieformen zu streuen, einseitige Beschuldigungen helfen also wenig. Die bedrohliche Variable liegt in der gefährdeten und bedürftigen Psyche der Therapeuten.

Versuch einer Diagnose der Patientin Belle

Die frühen Anteile von Belles Störung liegen auf der Hand, und zunächst inszeniert die Patientin sie auch fordernd im Therapieraum und außerhalb von neuem durch exzessive sexuelle Abenteuer, von denen sie dem Analytiker ausführlich berichtet. Dabei tut es nichts zur Sache, daß wir nicht wissen, ob es sich um einen realen oder einen erfundenen Fall handelt. Er ist in sich absolut schlüssig.

Der ertappte Analytiker erzählt weiter:

»Sie schwelgte in langen Tagträumereien über uns beide – einfach nur, daß wir zusammen waren, einander in den Armen hielten, daß ich Kinderspiele mit ihr spielte, sie fütterte. Einmal brachte sie einen Becher Yoghurt und einen Löffel mit in die Sprechstunde und bat mich, sie zu füttern – was ich zu ihrem großen Entzücken tat.

Klingt doch unschuldig, oder? Aber ich wußte gleich, daß da ein Schatten über uns lag. Ich wußte es schon damals, ich wußte es, als sie davon sprach, wie sehr es sie erregte, wenn ich sie fütterte.«

Die Patientin besorgt sich Sex, wann immer sie das braucht, und auf oft gefährliche Weise, etwa auf Brummi-Parkplätzen. Sie hat Freßanfälle, schneidet sich oder überläßt sich stunden-, ja tagelang intensiven erregenden Träumereien. Der Analytiker faßt eine Reihe von Aussagen über ihre Störung für sie zusammen:

»Ich fühle mich tot und füge mir Schmerzen zu, um zu merken, daß ich noch lebe.

Ich fühle mich taub und muß gefährliche Risiken eingehen, um mich lebendig zu fühlen.

Ich fühle mich leer und versuche, mich mit Drogen, Essen, Samen zu füllen. Aber das sind Scheinhilfen. Am Ende schäme ich mich und fühle mich noch abgestumpfter und leerer.«

Die Distanz zum Analytiker in seinem zwei Meter entfernten Sessel wird zur intensiven Pein, sie erlebt sie als Verweigerung, als sadistische Strafe, die sie zur Bettlerin werden läßt, aber auch zur begabten Manipuliererin, die es versteht, intensiven Druck auszuüben, den Analytiker bei seiner Berufsehre (Helfen und Heilen) zu packen und sexualisierend in ihn einzudringen. Ganz verdinglicht hält sie sein Sperma für eine Wundersalbe, die sie haben will, mit der sie sich Gesicht und Körper einreiben möchte.

Früher hätte man vielleicht von Hysterie gesprochen, und die hysterischen Züge sind evident, mit der Besonderheit, daß die Sexualisierung vollkommen bewußt ist und auch als Machtmittel eingesetzt wird. Darunter sind Borderline-Züge zu erkennen, mit massiven Stimmungsumschwüngen und paranoiden Abstürzen; mit zerstörten, falsch eingesetzten wie mit hypertrophen Ichfunktionen, ohne die Fähigkeit zum Triebaufschub und mit stark wechselnder Krankheitseinsicht. Die narzißtischen Elemente verbinden sich mit dem Thema der Macht wie der Rache, mit Größenphantasien und einem nur auf die Patientin zugeschnittenen Wunderglauben an Sofortheilung. Darunter ahnt man traumatische frühe Ereignisse (den Tod der Mutter) und posttraumatische Entbehrungserlebnisse (zum Beispiel eine depressive Reaktion des Vaters) oder das Leiden an der zu großen Distanziertheit der Gouvernanten; vielleicht eine sexuelle Überstimulierung durch eine von ihnen, so daß die Erotisierung früh zu einer passageren Abhilfe für panikartige Stimmungen geworden sein könnte. Es wird nichts mitgeteilt über die Pubertätsgeschichte der Patientin, aber es scheint, als habe sie früh und ungeniert Sexualität für haltende oder tröstende Berührung gesetzt und Techniken entwickelt (die vom Analytiker bestaunt werden), wie sie binnen fünf Minuten einen bisher wildfremden Mann dazu bewegt, ihrem sexuellen Verlangen nachzukommen. Ein Teil des Ichs ist in den Dienst dieser suchtartigen Dringlichkeit ihrer Wünsche getreten.

Körpertherapeutische Überlegungen aus analytischer Sicht

Nun ist es eine der Grunderkenntnisse psychoanalytischer Körperpsychotherapie, daß die Störung um so früher liegt, je dringlicher die Forderung nach erotisierter Berührung oder gar nach sexuellen Handlungen eingebracht wird. Und man kann davon ausgehen, daß die Dringlichkeit des Wunsches nach Erotik auch etwas zu tun hat mit dem Ausmaß der Demütigungen, die das Kind erlitten hat im Umkreis der Themen Berührung, Wertschätzung, Halt und verstehende Zuwendung. Denn die Erotisierung der Beziehung, wenn sie erfolgreich ist, verleiht Macht und die (zumindest vorübergehende) Kontrolle über die Beziehung, erst recht, wenn der Erwachsene selbst in die Position der dringlichen, ja beschwörenden oder gewaltbereiten Bedürftigkeit gerät.

Im Falle unseres Krimis wäre Belle im erotischen Umgang mit dem Analytiker mit Sicherheit die Erfahrenere, Durchtriebenere, die durch Beschenken Kontrollierende. Inmitten der »Liebe« käme der hart erkämpfte Triumph zum Tragen, das lang ersehnte Verfügen über den Analytiker, die Aufhebung des Gefälles und der kränkenden Zurückhaltung und Neutralität, die wie eine Ablehnung und Entwertung erlebt wird.

Dagegen die wichtigste These der analytischen Körperpsychotherapie: Die Berührung dient der Entsexualisierung.

Das Ausmaß an früher Entbehrung ist bei Belle nicht schwer festzustellen. Man könnte fast sagen, sie sei am Berührungsmangel erkrankt, und natürlich nicht an einem Mangel an wahllosen Berührungen, wie sie ihr später fast zum Verhängnis wurden, sondern an einem konstanten und die seelische Strukturbildung behindernden Mangel, der aber die Bildung eines starken und raffinierten Teil-Ichs nicht ausschließt.

Ganz wichtig wäre in einem solchen Fall, neben ausgewählten Formen der Berührung, die wiederholte Deklaration, was Berührung bedeutet und warum sie in einer bestimmten Form angeboten wird, etwa in dem Sinne:

»Sie hatten in Ihrer Kindheit kaum haltende Berührung. Wenn Ihre Gefühle wie Trauer, Verzweiflung, Wut, aber auch Freude, Sehnsucht und Begeisterung zu groß wurden, hat Ihnen niemand geholfen, sie angemessen zu erleben und abzuführen. Der Körper der Mutter und des Vaters stand Ihnen nicht wirklich zur Verfügung. Viele Menschen haben solche Mängel erlitten und kommen dennoch zurecht in ihrem Leben. Bei Ihnen schien das Ich überfordert, mit diesen Mängeln umzugehen. Sie haben gelernt, sie durch Sexualität und andere Hilfsmittel immer wieder vorübergehend zu beheben, danach aber kommt die Leere wieder, die Scham und die Vergeblichkeit. Sie fühlen sich unfrei, weil Sie diese Kompensationsformen nicht kontrollieren können. Deswegen sind Sie hier, und ich werde Ihnen bei Bedarf und auf der Ebene des verletzten Kindes Berührungen anbieten, die dem frühen Mangel entsprechen und nicht der Ebene Ihrer Kompensationen. Wir würden meine Möglichkeiten der Hilfe zerstören, wenn ich mich auf die Ebene Ihrer sexuellen Sucht begeben würde.«

Eine solche Deklaration muß, zumindest in Teilen, gelegentlich wiederholt werden. Wirkliche Überzeugungskraft erhält sie aber erst, wenn der Patient einige beispielhafte Berührungen erlebt hat, die ihm seine Bereitschaft zur angemessenen Regression und das Matching zeigen, also das aktive Zusammenbringen von traumatischem Mangel und phasenentsprechend angemessener Berührung. Ich möchte nun einige Formen von Berührung schildern und diskutieren, die sich für mich innerhalb von Übertragungs- und Gegenübertragungsbeziehungen als am meisten hilfreich erwiesen haben, besonders wenn es um Erotisierung oder die oftmals enorme Angst vor ihr geht. Dabei wird zugunsten der Lesbarkeit jeweils die maskuline Form beibehalten, »der Patient« steht also auch für »die Patientin«.

Haltgebende Berührungen auf der Couch

Die Einführung von Berührung in die Therapie oder Analyse

Die Sexualisierung aller Berührung scheint bei der Patientin Belle zunächst einmal total und fordernd, und es gelingt ihr, den Analytiker »anzustecken«, in die Defensive zu drängen, so daß er hilflos kleine Portionen von Berührung anbietet, die aber keinerlei Zusammenhang mit einer gezielten Regression haben. Er ahnt zwar das Kind in ihr, er weiß sogar um das verletzte oder ausgehungerte Kind, aber er ist ohne jedes körpertherapeutische Repertoire, und das Scheitern ist vorauszusehen.*

Meine Vorschläge für ein solches Repertoire enthalten nicht im mindesten eine Erfolgsgarantie, sondern ich wähle aus unter einer Reihe von Berührungsformen, die sich für spezifische Konflikt- und Regressionsformen als hilfreich erwiesen haben. Jede einzelne Berührung sollte eingebettet sein in den Stand der Übertragung, beim Therapeuten genährt aus biographischem Wissen und der körpertherapeutisch angereicherten Gegenübertragung, die aus Bildern, Phantasien, Körpergefühlen, Handlungsimpulsen bestehen kann. Die Initiative dazu mag in einem fortgeschrittenen Stadium der Therapie vom Patienten ausgehen; zu Beginn ist es in der Regel der Therapeut, der einen Vorschlag macht. Dieser wird natürlich nicht sofort ins Werk gesetzt, sondern man kann dem Patienten ein Bild, eine Interaktions-Phantasie, eine Berührungsform vorschlagen und fragen, was das mit ihm macht. Neben Übertragung und Gegenübertragung sind es oft auch äußere, körpersprach-

* Vgl. dazu Albert Pesso, *Dramaturgie des Unbewußten*, Stuttgart 1973 und Tilmann Moser/Albert Pesso, *Strukturen des Unbewußten*, Stuttgart 1991/Frankfurt a.M. 1998.

liche Zeichen, die den Therapeuten orientieren: Bewegungsimpulse, plötzlich auftretende Schmerzen, Veränderungen des Atems, der Stimme oder der Haltung und die wichtigen Selbst-zu-Selbst-Bewegungen. Letzteres bedeutet, daß der Patient, ohne es zu merken, Berührungen an sich vornimmt, die er, oft vergeblich, von einer Pflegeperson erhofft hat und die nun auch seinem Selbsttrost dienen. Mit einem solchen Berührungsangebot kann sich der Patient auch erst einmal wochen- oder monatelang auseinandersetzen, ehe er darauf zurückkommt.

Man könnte, wollte man Belles Analytiker Supervision angedeihen lassen, fragen, warum er sie nicht im Liegen behandelt hat. Vermutlich hätte sie sich geweigert, weil sie sich angesichts ihrer Familiengeschichte einer unerträglichen sensorischen Deprivation ausgeliefert gefühlt hätte. In einem klassischen Setting sicher zu Recht. Der Analytiker wäre ihr als unwirklich, kalt, abwesend, zurückweisend, zynisch und vor allem feige erschienen, weil er sie sich weit vom Halse geschafft hätte. Eine ihrer Phantasien ist ja, ihren Kopf in seiner Halskuhle zu bergen wie ein Säugling, den die Mutter auf dem Arm hält.

Welche Aufgaben hätten also Berührungen bei einer Person, bei der sie ursprünglich eingebunden sind in Sexualisierung, Machtausübung und Manipulation? Allen drei Formen der Beziehungsdeformation liegen bestimmte Mangel- und Konflikterfahrungen zugrunde. Die erste, noch stark vereinfachte Antwort wäre also die, der Patientin die Erfahrung zu vermitteln, daß es »heilsame Berührungen«* gibt, die in verdichteter, konkreter und zugleich symbolischer Form etwas »gewähren«, was in der Vorgeschichte, wenn es überhaupt verfügbar war, verdorben wurde. Und zwar durch erotischen oder narzißtischen Mißbrauch, Depres-

* Vgl das schöne, ideen- und beispielreiche Buch *Heilsame Berührungen. Praxis leibfundierter analytischer Psychotherapie* von Günter Heisterkamp (München 1993).

sion, Anklammerung oder schizoide Distanz, drohende Schläge oder einschüchternde Vorwürfe, Anschreien oder plötzliche Stimmungsumschwünge. Denn die Berührung hat mehrere Funktionen und wird auch nicht automatisch angewandt, sondern entsteht zunächst in der Phantasie des Analytikers als Ergebnis eines komplizierten Zusammenspiels verschiedener Tendenzen und innerer Überprüfungen, ähnlich denen, die einer analytischen Deutung, einer empathischen Einfühlung oder einer Konfrontation vorausgehen.

Die Berührung der Stirn

Bleiben wir noch bei der Patientin Belle, die wir uns einmal liegend auf der Couch vorstellen. Wie ich mir einen berührenden Zugang zum sitzenden Patienten vorstelle, möchte ich im zweiten Teil verdeutlichen. Zunächst wähle ich die liegende Position, weil ich selbst in meinen klassischen Jahren von ihr ausgegangen bin und weil ich, hinter der Couch sitzend, sehr viel mit Berührung arbeite. Hilfreich in meinem Fall ist, daß die Couch flach ist und der Patient sich mit Kissen selbst die Höhe des Kopfpolsters aufbauen kann, die ihm angenehm ist. Wenn ich ihn depressiv erlebe, sehr erschöpft oder aufgewühlt, von einem Traum oder einem Konflikt geschwächt, und ich habe das Gefühl, daß Affekt oder Abwehr seine Ichkräfte übersteigen, dann biete ich ihm dadurch einen Halt an, daß ich meine Hand auf seine Stirn lege, natürlich nachdem ich ihn gefragt habe. Dabei rücke ich hörbar mit meinem Sessel so nahe an die Couch heran, daß die Berührung ohne Spannung im Arm möglich ist. Hier ist es überaus wichtig, mit der Berührung den Affekt nicht »wegmachen« zu wollen oder dem Patienten vorschnell zu Hilfe zu kommen, ihn zu trösten oder einfach zu beruhigen. Die Hand hat die Funktion, seinen nicht mehr ausreichenden Affekt-Container zu erweitern; ihm Beistand zu signalisieren in einem Zustand, der ihn an seine Grenzen oder über sie hinaus bringt und in dem er eben kaum je Beistand hatte. Die Hand bedeutet Schutz in einem Zustand, der sonst zu massiven Abwehrbewegungen, Spaltungen oder Kurzschlußreaktionen führt. Der Halt ist sowohl regressionsfördernd wie im Ansatz strukturbildend, weil das Symbol der schützenden Hand, das ja zu einer Person gehört, im Lauf der Zeit internalisiert werden kann als Modellszene; ganz analog den Internalisierungsvorgängen in der klassischen Analyse, nur daß sie in der Regression gefördert werden durch ihr körperliches oder besser psychosomatisches Erleben.

Der Arm und die Hand sollten ganz ruhig liegen; es sollte gefragt werden, ob der Druck richtig ist, und dem Patienten außerdem angeboten werden, das Gewicht der Hand durch seine eigene Hand zu variieren. Dies ist ein Hinweis darauf, wie wichtig es selbst in der tiefsten Regression sein kann, die Autonomie und die aktive Kooperation des Patienten anzuregen, so daß er lernt, nicht einfach passiv auf das therapeutische Wunder zu warten. Trotzdem kann es nötig sein, auch über längere Zeit dem Patienten eine ruhige Passivität unter der Berührung zu gewähren, weil er eine solche Ruhe in Verbindung mit schützender Berührung vielleicht nie erlebt hat. Damit das Arbeitsbündnis auch in diesen Positionen nicht abreißt, empfiehlt es sich, gelegentlich zu fragen, ob das Arrangement noch stimme; ob er den Mut hätte, es zu verändern; ob die Passivität sich stimmig anfühle oder eventuell ein Verharren vor einem auftauchenden Konflikt signalisiere. Das ist um so wichtiger, als depressive Patienten Berührungen oft so dankbar annehmen, daß sie regungslos verharren in der Angst, jede kleinste Bewegung könne das Angebot unwiederbringlich zerstören. Manche Patienten sind erfreut, wenn sie mit der Hand experimentieren dürfen; andere verharren reglos, weil sie den gebotenen Schutz ganz tief auf sich wirken lassen möchten.

Bei einem späteren Angebot gehört die Frage dazu, ob die Hand auch die Augen bedecken solle, und sie wird oft bejaht. Die Hand über Stirn und Augen symbolisiert meist den mütterlichen Reizschutz. Er drückt aus, daß sie jetzt vorübergehend die Verantwortung für die Außenwelt übernimmt und das Kind von allen störenden Einflüssen total abschirmt. Das Kind birgt sehr oft aktiv das Gesicht an der Mutter, um die Außenwelt aus seinem Gesichtsfeld herauszunehmen; dabei erfolgt zusätzlich eine intime Kontaktaufnahme zur Mutter, eine Mischung zwischen Anschmiegen und Konturierung. Wenn es sich im Schutz der Hand oder des Körpers der Mutter erholt und gekräftigt hat, kann es die Auseinandersetzung mit der Außenwelt wieder aufnehmen. Ähnlich geht es dem Patienten, der sich unter dem Schutz des Therapeuten eine seelische Auszeit nehmen oder sich zu inneren Vorgängen hinwenden kann, von denen er früher oft durch Lärm, unangenehme Bilder und familiäre Spannungen abgelenkt wurde.

Der Therapeut hat für seine eigene Blickrichtung eine große Auswahl: Er kann den Kopf zum Patienten wenden, dann ist er ihm nicht nur durch die Hand, sondern auch durch die Beobachtung des Körpers zugewandt. Das kann ebenso hilfreich wie störend sein; er kann auf zusätzliche Wahrnehmungen achten, etwa auf die kleinen Bewegungen oder den Atem des Patienten; er kann so aber auch abgelenkt werden von dem fast meditativen Kontakt, zu dem er mit geschlossenen Augen gelangt. Die Hand entwickelt im Lauf der Zeit ein Gefühl für die Berührung ebenso wie für die weiterlaufende seelische Übertragungs- und Gegenübertragungs-Beziehung. Man könnte von einem bimodalen Informationsfluß über die Hand und den Blick sprechen, der schließlich ergänzt werden kann oder manchmal (wenn eine Unklarheit entsteht) ergänzt werden muß durch ein Nachfragen: »Was passiert?« oder »Wo sind Sie hingegangen?« usw. Die Hand ist körperlich konkret, verbunden mit deutlichen somatischen Wahrnehmungen, und zugleich hochsymbolisch besetzt, und dies in ganz unterschiedlichen Mischungsverhältnissen, wobei aber in den meisten Fällen der symbolische Gehalt überwiegt. Die körperliche Berührung geht oft mit einem unmerklichen Training der Wahrnehmung von Körperempfindungen einher, aber auch die mit der Berührung verbundenen Affekte und Zustand wie Wandel der Übertragungsbeziehung werden erfaßt. Dabei ist es wichtig, immer wieder zu fragen, ob die Berührung noch stimmt. Denn wenn sich ein Patient einmal an die Verfügbarkeit von Berührung gewöhnt hat (was lange dauern kann), dann beginnt er sich auch zu trauen, die »aversiven« Bewegungen zu machen, die die Berührung verändern oder beenden, was bis zu einem Wegschieben oder -stoßen gehen kann. Dem Verdacht der unfrei machenden Manipulation, einem der Hauptvorwürfe gegen die analytische Körperpsychotherapie, ist leicht zu begegnen: Der Patient lernt viel körpernäher, und damit auch in größerer Evidenz, zu unterscheiden, was er brauchen kann und was nicht. Auf jeden Fall ist die Förderung der Autonomie in der Regression und des Ausstiegs aus frühen Kollusionen und mißbräuchlichen Verstrickungen ein wichtiges Ziel. Das Experimentieren mit den Polen aktiv und passiv, regressiv und progressiv, mächtig und ohnmächtig, forsch und ängstlich usw. gehört sozusagen zur Grundmelodie des körpertherapeutischen Geschehens.

Die häufigsten Reaktionen auf den Schutz durch die Hand sind die folgenden:

1. Ein Strom von Tränen, der durch den erweiterten Container ermöglicht wird, während sonst die Angst bestanden hätte, in der Einsamkeit weggeschwemmt zu werden oder das instabile Ich zu gefährden. Die Hand gibt eine gewisse Garantie, daß das Weinen »contained« werden kann, innerhalb einer nahen Beziehung stattfindet, sozusagen mit körperlicher Präsenzgarantie, wie sie ein Kind ja jahrelang

braucht, und verbunden mit dem Gefühl, daß der überschießende Teil des Affekts von der Hand (dem Körper der Mutter) aufgenommen wird.

2. Es breitet sich eine große Ruhe aus, wie wenn das innere Getöse und die Spannungen einmal aufhören dürften. In dieser Zeit hat das Ich die Chance, diesen Zustand in Ruhe zu betrachten. Manchmal wirkt das Schweigen ganz meditativ, manchmal wie verdauend, manchmal sehr aktiv, und aus diesem aktiven Zustand heraus fangen manche Patienten auch an zu sprechen, wobei sie ihren Konflikten gegenüber eine größere Stärke und Kompetenz erlangen, die dann ausgebaut werden können. Oft werden auch vorher nie berührte Themen angegangen. Am häufigsten scheint mir aber das ruhige Kraft-Schöpfen, wobei es Zustände tiefer Erschöpfung gibt, die ebenfalls eine so starke affektive Bedrohung darstellen, daß man sie ohne Halt nicht zu fühlen wagt. Manche Patienten werden vorübergehend unruhig, weil sie fürchten, die Erschöpfung verschlinge sie. Dann ist es gut zu sagen, sie könnten versuchen, sich ihr zu überlassen, es sei noch genug Zeit, um wieder aufzutauchen. Der Therapeut muß abschätzen, ob er gegen Schluß der Stunde das nahende Ende anzeigt, weil der Patient in der Regression die Zeit vergißt; gelegentlich sind auch Übungen zur »Progression« nötig, damit der Patient aus einem ganz versunkenen Zustand wieder auftaucht.

3. Je nach dem Stadium der Übertragungsentwicklung suchen Patienten oft im Anschluß an ein ausreichendes Erleben von Schutz und Beruhigung nach interaktiver Bewegung, Veränderung, Kontur. Die feinen Voranzeichen sind minimale Drehungen des Kopfes nach links oder rechts, wie um zu testen, ob die Hand mehr aushält oder hergibt als nur Schutz. Hier ist es gut, wenn der Therapeut es »bemerkt« und nachfragt, ob der Patient die Bewegung auch wahrgenommen habe. Die Frage braucht nicht verbal zu sein, sondern kann in kleinen Antwortbewegungen beste-

hen, die die Bereitschaft zum spielerischen Dialog signalisieren. Wichtig sind in jedem Fall Ermutigungen – stets eher fragend als auffordernd –, den eigenen, zunächst kaum merklichen und vielleicht noch unbewußten Bewegungsimpuls zu vergrößern, um sein ursprüngliches Ziel oder auch seine Abwehrbedeutung zu ermitteln. Dabei kann es um intensiveren Hautkontakt gehen, um Reibung mit dem Ziel der Konturierung, um Kraftanstrengung und kämpferische Auseinandersetzung wie um den ambivalenten Versuch, die Berührung gleichzeitig beizubehalten und zurückzuweisen.

Das Halten des Kopfes

In gewissem Sinn bedeutet das Halten des Kopfes mit beiden Händen eine Intensivierung der vorigen Arrangements, enthält aber auch ganz neue Aspekte und bietet neue Ansatzflächen sowohl für positive wie für negative Übertragungsformen, die manchmal in überraschend schnellem Wechsel ineinander übergehen. Dies wird auch von Heisterkamp in den *Heilsamen Berührungen* so beschrieben, wenn sich etwa der positive Halt in ein Schraubstockgefühl verwandelt, in dem sich ganz reale oder symbolisierte Affekte von extremer Beengung plötzlich entfalten, nachdem im positiven Erleben ein Kraftreservoir für das Herangehen an stark negative Erfahrungen gebildet wurde.

In meinen Seminaren wird die »Position« mangels Couch und Sessel meist so geübt, daß sich der Therapeut im Schneidersitz hinter dem auf einer Matratze liegenden »Patienten« befindet. Ich kann nicht beurteilen, wie lange ein Therapeut in dieser Lage mit ruhigen Händen ausharren kann. Es ist wichtig, daß der Therapeut für sein Wohlbefinden sorgt und sich nicht in einer bestimmten Position verkrampft. Der Patient merkt es meist früher als der Therapeut selbst und fragt nach, entsprechend seiner bewußten und unbewußten Phantasien, oder macht gleich eine kleine oder mittlere Katastrophe daraus; er folgt seinen parentifizierten Regungen und beendet die Sequenz vielleicht, lange bevor es für den Therapeuten ungemütlich geworden wäre. Es ist absolut zumutbar und für die Realitätswahrnehmung des Patienten notwendig, mitzuteilen, wann die eigene Position zu anstrengend wird und man sie ändern, sich neu zurechtsetzen oder durch Kissen Unterstützung suchen will.

Auf meinem Sessel hinter der Couch halte ich lange aus, wenn ich mir Kissen in den Rücken stopfe und meine Ellbogen auf meinen Knien abstützen kann. Viele übende Kollegen haben sich (wie viele Mütter) zunächst zu viel abverlangt an hingebungsvoller Haltung, und es hat sie immer wieder erstaunt, wenn ich sagte, daß der Therapeut für sein Wohlbefinden, auch im Interesse des Patienten, verantwortlich ist. Viele Eltern haben ihren Kindern, unseren Patienten, nicht mitgeteilt, wie es um ihre Gelassenheit oder Anspannung beschaffen war; dies führte dann oft zu plötzlichen verärgerten Kontaktabbrüchen, zum ungeduldigen Aufstöhnen, ja zu Beschuldigungen, mit der Folge, daß im Kind Zweifel an der eigenen Zumutbarkeit entstehen, vielleicht sogar dunkle Mutmaßungen über seine Unersättlichkeit und Bösartigkeit. Orientiert zu werden kann auch ein Geschenk sein, selbst wenn es mit einem vorübergehenden Verlust an Kontinuität und sicherem Halt oder spielerischem Kampf verbunden ist.

Beim Schreiben wird mir deutlich, wie sehr die therapeutische Berührung auch Aufmerksamkeit auf und Arbeit am Detail erfordert, und ich muß mir Mut machen, den Detailreichtum nicht zu vereinfachen. So habe ich eben einen Augenblick lang gezögert, etwas über den Umgang mit den Ohren mitzuteilen, dabei sind sie doch in die frühen Interaktionen zwischen Eltern und Kind ständig miteinbezogen. Man muß sich nämlich entscheiden, wie man seine

Hände über oder neben die Ohren legt. Selbstverständlich sollte das erfragt werden, aber manchmal sind sich die Patienten selbst noch nicht sicher, weil alles so neu ist, und bitten darum, es auszuprobieren. Dann entfalten sich sofort unterschiedliche Landschaften der symbolisch bedeutsamen Sensibilität, aber auch der guten wie der bösen Erinnerungen. Legt man die Hände auf die Ohren, dann erhält der Kopf sowohl Halt wie akustischen Reizschutz, für den ähnliches gilt wie für den Schutz der Augen. Man kann es gut spüren, wie sich ein Patient zentriert: auf akustischen Schutz oder beidseitigen Halt oder beides. Der Halt wird in der Regel intensiver erlebt als beim Auflegen einer Hand auf die Stirn, die eher eine Beruhigung des inneren Lärms bewirkt. Beidseitiger Halt ist ambivalenter, weil die Hände als zupackender, real oder potentiell, erlebt werden können, und je nach den durchlittenen Ausgangsvoraussetzungen entfalten sich negative Übertragungen oder die alternativen, kontrastierenden Erfahrungen. Wo vor allem Entbehrung herrschte, wird die Berührung mehr als Geschenk erlebt, freilich manchmal verbunden mit Zorn (neben der Trauer): »Warum so spät, zu spät?« Wo es eher um Härte, Kontrolle, Mißbrauch oder Schläge ging, bedeuten die Hände zunächst das Geschenk des Halts; dann wieder die Bedrohung, dann Wärme im Zusammenhang mit Rettungsphantasien und Schutz, dann wieder paranoide Aufwallungen, oft in buntem Wechsel in einer einzigen Stunde oder auch innerhalb einer längeren Phase, je nach dem Stand des wichtigen verbalen Aufarbeitens, der Weiterarbeit in den Intervallen, den Träumen, den begleitenden Lebensereignissen.

Manche Patienten sind traumatisiert durch die frühen Techniken des Ohrenputzens; dann bringen die Hände nicht akustischen, sondern konkret-symbolischen Schutz vor dem Eindringen der Stäbchen, die oft für einen körperlichen Empathiemangel der Eltern stehen. Frauen mit reicher Haarpracht muß man fragen, ob man die Haare beiseite schieben darf oder soll: Was für ein Einfallstor für frühe Erinnerungen oder bis in die Pubertät reichende Interaktionen zwischen Mutter und Tochter!

Wenn der Mut schon etwas gewachsen ist, können die Patienten Druck und Stellung der Hände selbst regulieren. Manche führen sie an die Schläfen, sei es zur Beruhigung, zum Kampf oder aber zur Bildung eines Rings um die Stirn, damit ihnen nicht »der Kopf platzt«, also gegen das Gefühl kaum mehr steuerbarer Affekte. Dabei ist es kein Widerspruch, wenn diese sichernden Hände genau gegen das Anbranden der Gefühle zu Hilfe genommen werden, die durch sie ausgelöst werden. Meistens sind die Patienten dankbar, wenn es ihnen durch solche Hilfen beim Containment ermöglicht wird, abgespaltene Gefühle wieder in den Bereich des Ichs aufzunehmen. Daß dies der wiederholten Durcharbeitung bedarf, ist gar keine Frage. Oberstes Ziel ist es, die eigenständige Dosierung zu fördern, die bei lange unterdrückten Gefühlen ohnehin verlorengegangen war. Meistens erleben die Patienten durch den körperlichen Halt, wenn sie zwischen Erstarrung und Wiederbelebung pendeln, auch die psychosomatischen Vorgänge wieder, die mit der Repression der freien Bewegung wie der Gefühle verbunden waren: das Absterben von Teilen des lebendigen Selbst.

Eine wichtige Variante ist das Halten des Kopfes durch die untergelegten Hände. Der Kopf hat dabei mehr Freiheit, allerdings zieht diese Haltung erstaunlicherweise besonders leicht eine frühe Regression nach sich. Sie mag mit der Unterstützung des Hinterkopfes durch die Mutter zusammenhängen, die ihn davor behüten möchte, daß er nach hinten fällt, weil das Baby ihn noch nicht selbst halten kann. Patienten, die sich dem überlassen können, erleben eine starke Geborgenheit und Sicherheit, die aber oft mit Weinen und Trauer verbunden ist, wenn das körpersprachliche Symbol der Hände tief unbewußte negative Erinnerungen oder die Trauer um nicht erlebte Geborgenheit weckt. Oft ändert sich abrupt der Atemrhythmus, wenn das Unbewußte eine weit außerhalb der verfügbaren Erinnerung liegende Gefahr signalisiert. Viele Bilder sind an diese frühen Körpererfahrungen geknüpft, und ein großer Teil davon läßt sich gar nicht ohne ein solches Interaktionsangebot wiedererleben und bewußt machen. Die Säuglingsforschung spricht von einem ganzen Kontinent der vorsprachlichen Interaktion, von der ein großer Teil überhaupt nie sprachlich symbolisiert wird. Es gibt einen riesigen Pool von nicht oder nur schwer erinnerbaren »Modellszenen«, also exemplarischen Interaktionen, die nur als unbewußte szenische Erinnerungen oder besser körperszenische Engramme vorhanden sind.

Zu diesen leibseelischen Engrammen gehört die Phantasie, die sich überhaupt erst bei der Berührung zeigt als intensive körpergebundene Vorstellung: Der Kopf sei zu schwer, um überhaupt gehalten zu werden. Er scheint mit seiner Schwere das gesamte Lebensschicksal zu symbolisieren, aber auch die Summe der elterlichen Äußerungen über die »Schwierigkeit« des Kindes oder die Schwere des Schicksals, das die Eltern mit diesem Kind erfuhren; er symbolisiert, als Gewichtsvorstellung, die Schwere der Gedanken und Gefühle wie der belastenden Zukunftsbilder. In dieser Phantasie drückt sich der Kopf durch die haltenden Hände hindurch, er beschädigt oder zerquetscht sie; und damit ist, durch den verursachten Schmerz, durch die Wut und die Beschädigung des Therapeuten, die Beziehung zu Ende. Manchmal kann man nur an der künstlichen Leichtigkeit des Kopfes oder an einem Zittern des Nackens erkennen, daß der Patient der befürchteten Katastrophe vorbeugen will. Er staunt ungläubig, wenn er das Gewicht dann wirklich abgibt und die Katastrophe nicht eintritt, sondern er sich den tragenden Händen überlassen kann.

Zum Urvertrauen gehört anscheinend auch die Vorstellung, daß man für die Eltern nicht »zu schwer« ist.

Ein anderes Angebot der Berührung am Kopf sieht so aus: Der Therapeut legt die flache offene Hand aufs Kissen und schlägt vor, die Wange in die Hand zu legen. Manche Patienten »schaffen« dies nach Vorerfahrungen mit anderen Positionen leicht, für andere bedeutet es noch einmal einen weiteren Schritt in eine regressive Intimität, die unter Umständen zunächst mit Zögern, Herzklopfen, Schrumpfungsangst verbunden ist. Meist wird die Hand als groß und tragend erlebt; man kann auch beide Hände anbieten, wenn man die haltende »Schale« vergrößern will.

Ich habe am Anfang oft gefürchtet, meine Hände könnten feucht werden oder manchmal zu kalt sein. Aber beides hat sich nicht als großes Hindernis erwiesen. Wenn ich annehme, daß es zu einer Berührung des Gesichts kommen könnte, wasche ich mir vorher die Hände. Ich bin aber auch schon während der Stunde gelegentlich hinausgegangen, um die Hände zu waschen, wenn eine Berührung anstand, besonders zu der Zeit, als ich noch rauchte. Die Mitteilung wird, obwohl sie eine Unterbrechung signalisiert, als fürsorglich empfunden. Kalte Hände kann man warmreiben und die Temperatur auf der Wange zur Probe anbieten. Die große Intimität, als die Therapeut wie Patient das Aufliegen der Wange in der Hand erleben, hängt sowohl mit dem intensiven Hautkontakt zusammen, wie er meist nur den frühen Eltern (mit Dominanz der Mutter) zukommt, als auch mit der »Hingabe«, der eingegangenen Abhängigkeit in einer frühen Beziehung.

Der Nebeneffekt aller therapeutisch »sauberen« oder klaren Berührungen ist das Erleben: Der Therapeut ist physisch real und zugewandt; er hat keine Angst vor seinem eigenen Körper und dem des Patienten; er verwechselt nicht Berührung mit Erotik und Sexualisierung; seine Berührungen sind nicht mißbräuchlich; es geht ihm um Schutz, Halt und interaktive Antwort. All dies ist natürlich nicht das Geschenk einer einzigen Berührung. Es muß erarbeitet werden, und der Patient darf ankommen mit seinen verzerrten und angstbeladenen Vorerfahrungen, seinen Ängsten und ambivalenten Übertragungen. Ein Beispiel für die enge Verzahnung von positiver und negativer Übertragung ist der folgende Fall.

»Sie lüsternes Schwein!«

Eine knapp dreißigjährige Biologin hatte früh ihren Vater verloren und war dann in der schlüpfrigen Atmosphäre aufgewachsen, die der neue Freund der Mutter ins Haus brachte.

Sie erlebte nicht einen direkten Mißbrauch, sondern eine Dauererregung durch die ziemlich offen zur Schau gestellte Erotik; der Lärm der Sexualität drang nachts ins Kinderzimmer und löste eine Mischung aus Faszination, Angst und Ekel aus.

Schließlich kam es zu einer schmerzhaften Verknüpfung von Berührung und Abscheu, mit der unbewußten Überzeugung, daß körperlicher Halt und Sexualität untrennbar verbunden seien. Als ich ihr, die an ihrer Einsamkeit litt und von sadomasochistischen Praktiken mit einem früheren Freund berichtete, Berührung anbot, nannte sie mich zunächst ein lüsternes Schwein. Das schmerzte zwar, aber ich war mir sicher, daß die im tiefsten Körpererleben verankerte Vermischung von Sexualität, Übergriff und Sehnsucht nach Halt aufgelöst werden mußte. Über kleine Schritte der Vorarbeit, etwa die Berührung der Fingerspitzen und verschiedene Übungen der Abgrenzung, wuchs das Zutrauen; sie konnte sich hinlegen, und das Halten des Kopfes wurde zu einer Zuflucht, in der sie Kraft schöpfte für die Arbeit an ihren Konflikten. Dabei kam es immer wieder zu fruchtbaren Übertragungsspaltungen. Sie holte im frühen väterlichen Halt, den sie kaum gehabt hatte, Mut, um sich im Sitzen in den Kampf mit mir als Mutterfigur zu stürzen oder in einer eher späteren Vater-Übertragung (mit mir als neuem Vater-Objekt) über ihre Lebensprobleme zu sprechen. Beim Halten des Kopfes gab es allerdings eine nicht zu überschreitende Grenze, die ich natürlich respektierte, obwohl sie mir auch als Übertragungs-Herausforderung erschien. Ich mußte sorgfältig aufpassen, daß keiner meiner Finger je ihre Haarpracht durchdrang und es zu einem direkten Hautkontakt kam. Sie konnte mir, wenn dies aus Versehen passierte, heftig auf die Hand schlagen und mich der verdeckten Geilheit beschuldigen, ein Vorwurf, der ihr dann im Sitzen wieder befremdlich vorkam. Sie wußte, daß es eine Wiederholung früher Erfahrungen und Ängste war, vielleicht unbewußt gewordener Erinnerungen an ein zweideutig tätschelndes Werben vom Freund der Mutter. Es gab allerdings konkrete Erinnerungen an ein oft grobes Zupakken des Vaters, das sie erschreckte und schmerzte. Sie erwarb also einerseits große Fragmente von Zutrauen im Gehaltensein, wollte andererseits aber nicht mehr an die tabuisierte Intimität von Wange und Hand heran, nicht zuletzt, so vermute ich, aus Angst vor der Verwirrung und der Mischung von Sehnsucht, Erregung, Haß und Ekel, die mit dem Hautkontakt zu einem Mann verbunden waren. Dieser Punkt konnte damals auch rein verbal nicht durchgearbeitet werden, weil das Übertragungsfragment Hautkontakt im Gesicht in zu große Schmerzen und Ängste eingebettet war, deren Ursachen aber zu einem wichtigen Teil nicht erinnert werden konnten. Sie hat dann später mit einer Frau weitergearbeitet.

Berührung am Nacken

Für das Kleinkind stellt der Nacken lange Zeit eine Schwachstelle beim Halten und Heben des Kopfes dar. Man sieht Säuglinge in Bauchlage ausdauernd mit dem Versuch beschäftigt, den Kopf zu heben. Sehr viel langsamer entwickelt sich die Fähigkeit, in Rücken- oder Seitenlage den Kopf so zu halten, daß er nicht nach unten oder zur Seite fällt, wenn die Unterstützung fehlt. Eine Zeitlang ist die Mutter in dieser Hinsicht also ein Partialobjekt: diejenige, die verhindert, daß der Kopf des Kindes auf schmerzhafte Weise nach hinten oder zur Seite fällt. Man darf damit auch »den Kopf halten« als eine Modellszene ansehen, um so mehr, wenn Blickkontakt und verbales Ansprechen oder ein Lautdialog mit hineinverwoben sind. Als Brücke zwischen Rumpf und Kopf ist der Nacken entsprechend hoch symbolisch besetzt.

Manche Patienten klagen über Schmerzen im Genick oder haben das Gefühl, daß der Nacken nicht richtig mit den Schultern und dem Kopf verwachsen ist, so daß ein Gefühl der Fragmentierung und der Verspannung entsteht. Emotional sind diese Empfindungen zwischen einem seelischen Affekt und einem tiefen körperlichen Mißbehagen angesiedelt und meist nicht mit verbal zugänglichen Kindheitserinnerungen verbunden. Deshalb löst das Angebot, den Nacken zu halten, zunächst einmal eine Mischung von Fremdheit, Ängstlichkeit und Unbehagen aus, weil eine Reihe von Protoaffekten damit verknüpft ist, die sich zentrieren um das Kopfheben, Kopfhalten, Kopf-oben-Behalten, ebenso wie ein uneinheitliches oder fragmentiertes Körperschema.

Man schlägt also vor, dem Patienten eine Hand oder beide Hände unter den Nacken zu schieben. Tut man dies von der Position am Kopfende der Couch aus, muß man sich vorbeugen und kommt so mit dem eigenen Gesicht über dem des Patienten an. Der Therapeut begibt sich also selbst in eine große Nähe, die sich noch verstärkt, wenn er den Nacken berührt. Er spürt, wie sehr der Patient sich ausliefert, und er reagiert in der Gegenübertragung mit einer Festigung seines Eltern-Ichs. Stellt diese sich nicht ein, dann sollte er die Interaktion nicht fortsetzen, sondern prüfen, welcher Art seine Gefühle dem Patienten gegenüber sind. Fühlt er sich aber sicher und gelassen, dann kann er sich seinen Händen anvertrauen, um zu spüren, wie weich oder starr, bedroht oder hingegeben sich der Nacken anfühlt. Er wird staunen, wie weich und verletzlich dieser Körperteil wirkt und wie schutzbedürftig er ist, wenn er nicht, in einem ganz anderen affektiven Zustand des Patienten, als Instrument des Kampfes gebraucht wird, also um den Kopf angriffslustig (stiernackig) oder hochnäsig und einschüchternd zu heben. In aller Regel dominiert aber eine Berührung der verängstigten Brücke zwischen Rumpf und Kopf, die aus dem ruhigen Halt Kraft schöpft.

Berührung der Hände

Befindet sich der Patient in der liegenden Position, kann man ihn leicht einladen, eine Hand nach hinten auszustrekken, wenn man das Gefühl hat, er brauche, gleichsam in einem etwas späteren Alter, körperlichen Kontakt, ohne daß es ein so intensiver Schutz sein müßte wie beim Halten des Kopfes. In der Hand sind eine Vielzahl von Berührungs- und Interaktionsmöglichkeiten »gespeichert«, viele davon sind abrufbar, viele müssen erst erprobt werden. Bei eher depressiver Stimmung erlaubt das Halten der Hand Beruhigung, ein Gefühl des Beistandes, der Nähe, manchmal des Trostes, aber auch der Ermutigung. Es kann sein, daß die Hand des Patienten vollkommen ruhig liegt und eine Unterströmung von fühlbarer Gegenwart vermittelt. Gelegentlich ist die Hand neugierig und erforscht die Architektur der Hand des Therapeuten, eine Tätigkeit, die durchaus in einer Stimmung der Andacht erfolgen kann. Dann kommt es zu einem scheuen Fingerspiel. Manchmal erfolgt ein überraschender Rückzug, bis man vielleicht errät, daß auch aggressive Impulse sich gemeldet haben, die entweder eine schalkhafte Stimmung anzeigen oder auch eine deutlich aggressivere. Wenn man diese Impulse ermutigt, spürt man plötzlich ein Kneifen oder ein Drücken, und man kann fragen, ob diese Impulse bereits von formulierbaren Sätzen begleitet werden; es wäre aber nicht sinnvoll, zu rasch auf eine Verbalisierung zu drängen. Das averbal Spielerische steht im Vordergrund. Geht die aufkommende Wut über das Spielerische hinaus, so ist es sinnvoll, selbst eine Faust zu machen, gegen die der Patient drücken oder die er zusammendrücken kann, oder ihn zu ermuntern, eine Faust zu machen, mit der er gegen unsere drückt.

Sehr dankbar wird es oft aufgegriffen, wenn wir dem Patienten beide Hände überlassen und ihn ermutigen, an ihnen zu rütteln. Wenn die depressive Lähmung nicht allzu groß ist, kommt meist Begeisterung auf wie in einem freundlichen Kampf, mit einer erstaunlich zähen Anstrengung, so als ob er seit langem auf ein solches Ringen gewartet hätte.

Eine andere Variante, die die häufig sehr gehemmte Bewegungslust fördern kann, die aber zunächst oft Abwehr hervorruft: Man ermutigt den Patienten, dessen Hände man hält, sich zu räkeln und frei zu bewegen. Dominiert die Hemmung, so erlebt der Patient, *wie* er erstarrt oder sich lähmen läßt, und man kann an die Erinnerungs- und Übertragungsarbeit gehen. In der Gegenübertragung erstarrt man gelegentlich selbst, oder man erlebt die tiefe Enttäuschung des Kindes nach, das sich nicht frei bewegen durfte; oder man spürt eine erotisierte Stimmung, die anzeigt, daß entweder

der Patient die Bewegung sexualisiert oder daß ihm die Sexualisierung aufgenötigt wurde. So können schon wenige Sekunden einer Körperszene viel Stoff für das Durcharbeiten liefern. Es kann aber auch sein, daß der Patient vorsichtig erprobt, was an Bewegungsimpulsen im Körper steckt, mit Verlegenheitspausen oder mit Rückversicherungen an den Händen des Therapeuten. Und schließlich kann man sich freuen an einer ausgelassenen Erprobung wilder Bewegungslust mit heftigem Hin- und Herrollen und einem begeisterten Werfen der Beine, bis er außer Atem ist. Bei manchen Patienten kommt es dann vor, daß sie Schutz erbitten, also etwa die Hand auf dem Kopf. Denn es können Unsicherheit und Scham auftauchen, weil sie sich so weit vorgewagt haben. Auch dies ist Anlaß, in ursprüngliche Szenen einzutauchen, in denen freie Bewegung gebremst oder mit Scham verbunden wurde. Günter Heisterkamp (1993) bietet eindrucksvolle Beispiele aus seiner eigenen Praxis zum Thema der körperlich geäußerten Freude und dem Mitschwingen des Therapeuten.

Immer wieder sei betont, daß die Angebote sorgfältig abgewogen sein wollen und in den Stand der Übertragung passen müssen, gelegentlich aber auch eine Übertragung provozieren können, vor der der Patient noch zögert oder die sich in ihm latent vorbereitet hatte. Die Impulse werden dann nicht durch sich wiederholende Widerstandsdeutungen manifest, sondern durch eine körpertherapeutische »Verführung« zum Neuerleben von schiefgelaufenen Modellszenen. Die Anhäufung von Berührungsvarianten könnte zu der irrigen Annahme führen, der Therapeut treibe den Patienten von Berührung zu Berührung. Nein! Das erlebte szenische Material wird, soweit Verbalisierung nicht einen Übergriff oder ein Abdrängen der Beziehung ins falsche Selbst frühreifer Verwörterung bedeutet, durchgearbeitet. Die meisten Patienten wollen von sich aus Verarbeitungspausen und -phasen. Als Analytiker muß man sich aber eher in der Hinsicht disziplinieren, daß man nicht immer sofort wissen will, was eine solche Interaktion bedeutet, und dieses Wissen gleich mit dem Patienten teilen möchte.

Eine sehr produktive Variante ist die folgende: Der Patient liegt auf der Seite, mit dem Rücken zur Wand, der Therapeut sitzt nahe neben der Couch. Dann kann der Patient dem Therapeuten ohne große Anstrengung seine Hand auf das Knie legen und erlebt das in der Regel wie ein Vor-Anker-Gehen. Die ersten Male ist das oft mit einem kleinen Schauer verbunden, weil das Berühren des Knies eine relativ intime Angelegenheit ist, die unter Erwachsenen die Einleitung einer erotischen Begegnung bedeuten kann. Es ist aber nicht eigentlich ein Anfassen, sondern ein Auflegen der Hand. Trotzdem würde ich einer eher hysterischen Patientin in den Anfangsmonaten diese »Übung« nicht vorschlagen.

Es ist natürlich sinnvoll, nach den begleitenden Phantasien zu fragen, und bei den am meisten mit unbewußten erotischen Phantasien beladenen Patienten kann man dann schon einmal hören: »Huch, Ihre Genitalien sind so nahe!« Ich sage dann etwa: »Das stimmt, aber die lassen wir in Ruhe.« Die Wirkung ist Erleichterung, daß es ausgesprochen werden durfte, und Ermutigung, den Landeplatz Knie in Ruhe einnehmen zu dürfen. Es geht um die Setzung eines Tabus, das ich in einem Fall sehr bekräftigen mußte. Die Patientin fragte nämlich provokant, aber mit kindlicher Stimme: »Was ist, wenn ich nach Ihren Genitalien greife?« Ich: »Da würde ich mich aber wehren und Ihre Hand davon abhalten.« Das beruhigte sie. Sie hatte früh ihren Vater verloren und einen erotisierenden Stiefvater erlebt, der mit Sicherheit übergriffig war. Es blieb daher ein seit Jahrzehnten unbewußtes Bedürfnis, einen (Rache)-Wunsch nach einem Übergriff zu formulieren oder durch eine sexuelle Provokation auf sich aufmerksam zu machen.

Diese Seitenlage mit der Verankerung am Therapeuten

läßt sich bereichern durch seine Hand, die er auf die Hand des Patienten legt. Die Position ist nicht mehr an eine bestimmte kindliche Phase gebunden, sie läßt sich auch noch vorstellen für einen Adoleszenten im Patienten. Jedenfalls ermutigt sie, wenn die Phase der Beruhigung und Kräftigung ausreichend erlebt ist, zu sehr vertraulichen, von Abwehr gehüteten oder schambesetzten Mitteilungen, auch zur Besprechung negativer Übertragungsfragmente oder zur Bearbeitung von Träumen oder schwierigen Situationen im äußeren Leben. Im Lauf der Behandlungen spüren die Patienten sehr gut, ob sie bestimmte Formen des Schutzes und der Kräftigung noch brauchen, sie möchten auch unabhängiger werden, aber hin und wieder zurückkehren dürfen zu größerer Nähe, genau wie es Kinder tun, die zwischen Regression und Progression pendeln.

Mein Platz neben der Couch

Es ist erstaunlich, daß die analytische Therapie nur zwei Grundpositionen kennt: die Couch mit dem unsichtbar dahinter sitzenden Analytiker und dem liegenden Patienten; und die beiden sitzenden Partner des therapeutischen Dialogs. Letzteres gilt dann in der Regel schon nicht mehr als Analyse, selbst wenn manche Patienten auch in einer mehrstündigen analytischen Therapie das Bedürfnis haben, den Analytiker zu sehen. Meist wird es dem Patienten aber nicht »gewährt«, den Analytiker neben der Couch sitzend zu sehen. Es macht nämlich einen enormen Unterschied, ob das Sehen im Liegen oder im Sitzen stattfindet. Muß der Patient sitzen, um den Analytiker zu sehen, so befindet er sich in einem ganz anderen, meist weit weniger tiefen oder frühen Regressionszustand, und eine ganze Reihe von mit dem Sehen verbundenen frühen Interaktionsformen mit den Eltern bleibt außerhalb des Erlebens, sofern nicht einige so weit symbolisiert sind, daß sie als widerspenstiges Erinnerungsmaterial auftauchen. Die ursprünglich sinnvolle Form der partiellen sensorischen Deprivation verkehrt sich ins Gegenteil: Für viele Patienten entwirklicht sich der Therapeut, oder sie haben den Eindruck, ihn oder die mimische Rückversicherung zu verlieren. Das läßt sich bei einer großen Zahl von Patienten auch durch noch so viele Deutungen nicht aufheben, während andere mit stabilerer Anbindung an innere Objekte (und damit an den Analytiker) den Schutzraum der Couch ganz anders nutzen können.

Inzwischen ist es mir wichtig, daß die Patienten wählen können, wo ich sitze, ja daß sie damit experimentieren dürfen. Dabei passiert es mir natürlich gelegentlich, daß ich, vielleicht noch leicht verschlafen am Morgen oder schon etwas müde am Abend, einmal ganz gerne meditierend unsichtbar bliebe auf meinem Thron hinter der Couch; dann muß ich mich überwinden, mich umzusetzen und gesehen und intensiver gefordert zu werden. Aber das sind wenige Male, und meist lohnt es sich doch, vor allem, wenn man spürt, daß die Nähe zum Patienten und der Augenkontakt eine stimmige Beziehung herstellen. Für Kritiker und Zweifler: Man kann den Wunsch des Patienten hinterfragen, auch wenn man ihn erfüllt. Zu fragen wäre zum Beispiel: Was an meiner Sichtbarkeit ist gerade wichtig? Gibt es einen Konflikt, der dadurch in den Hintergrund rückt, oder braucht er mein Gesicht, um sich zu vergewissern, daß ich ihn bei einem Geständnis nicht verurteile? Wie beim ungläubigen Thomas bedarf es oft einer deutlicheren Vergewisserung als nur eines zustimmenden Lauts oder einer Deutung aus dem Off. Die starke Tendenz zur »Entwirklichung«, die Alexander und Margarete Mitscherlich den Deutschen in bezug auf die Zeit des Nationalsozialismus zugeschrieben haben, ist, oft unbemerkt, um so mehr auch in der Einzelanalyse gegenüber der therapeutischen Beziehung wirksam, als sie eine wichtige und oft unausweichliche Abwehrform des

Kindes gegen unerträgliche seelische Belastungen gewesen ist.

In der analytischen Körperpsychotherapie erlebt man oft das zunächst ungläubige, dann dankbare Staunen darüber, daß der Therapeut eine sinnlich erfahrbare Person ist. In der Gegenübertragung sind elterliche Gefühle besonders stark; sie werden auch dringend gebraucht, weil das verletzte Kind natürlich in einem erwachsenen Körper wohnt, und der Erwachsene bleibt ja anwesend, wachsam, sehr selten begehrend. Gelegentlich werden dem Analytiker Gefühle des erotischen Verzichts deutlich, die ebenfalls nötig sind, falls ein Patient im Analytiker erotische Phantasien und Wünsche auslöst. Es sind oft Gefühle, wie sie Eltern heranwachsenden Kindern gegenüber spüren, bei denen der Verzicht eine Selbstverständlichkeit ist und sich eher in liebevolle Fürsorglichkeit verwandelt. In der analytischen Körperpsychotherapie ist das Gefühl für Mißbrauch vielleicht deutlicher spürbar, weil es Botschaften aus dem Körper des Patienten gibt, die »andächtig« machen vor der vertrauensvollen oder ängstlichen Übertragung. Sie wird auch vom Therapeuten weitaus körperlicher erlebt als im Bereich der rein verbalen Therapie. Wenn aber eine reale Verliebtheit im Therapeuten entstanden ist, die ihn aus seiner gelassenen Mitte herauskatapultiert, plädiere ich für größte Zurückhaltung, was körperliche Berührung angeht.

Das Sitzen neben der Couch bedeutet zu Beginn für beide Partner ein deutlich spürbares Betreten eines neuen Nahraumes. Sehr oft werden zunächst Erinnerungen an Krankheiten wach, weil sie die einzigen Gelegenheiten waren, bei denen Eltern längere Zeit am Bett des Kindes saßen. Deshalb ermahne ich Patienten auch, bei leichteren Krankheiten oder Verletzungen trotzdem in die Stunde zu kommen, weil besonders intensive Erinnerungen wachgerufen werden, wenn die Scheu erst einmal überwunden ist. Hinter der scheuen Freude taucht rasch Trauer darüber auf, daß man krank sein mußte, um Zuwendung zu finden. In der Gegenübertragung macht sich eine Tendenz zur Schonung bemerkbar; gelegentlich muß man sich bremsen, um nicht dem spontanen Bedürfnis nachzukommen, den Patienten, dem sichtbar kühl ist, zuzudecken, sondern erst zu fragen, wie es mit der Temperatur oder dem Wunsch nach einer Decke steht. Nicht alle Patienten können es zunächst ertragen, zugedeckt zu werden, die Angst vor zu starker Regression in Passivität, Abhängigkeit, Freude und Trauer ist noch zu groß.

Experimentieren mit dem Blickkontakt

Längst nicht allen Patienten gelingt es überhaupt, den Therapeuten anzuschauen, vor allem, wenn das tieferliegende Ziel wirklich das Schauen ist, nicht so sehr ein beobachtendes, sondern ein versunkenes, träumerisches, inniges Schauen, das auch fragend oder staunend, irritiert oder Verschmelzung suchend sein kann. Es gibt viel aufzuarbeiten bei diesem Thema. Zunächst genügen vielleicht nur Kostproben des Blickkontakts, um viele Affekte in Gang zu setzen und ebenso viele Abwehrbewegungen. Diese allerdings zeigen sich oft in ganz rudimentären Formen, bei denen man sich sofort an Babys oder Kleinkinder erinnert fühlt: ein Abwenden des Kopfs; ein Wegdrehen des ganzen Körpers; ein Schließen der Augen. Und dann die Dankbarkeit, wenn man ihnen zeigt, wie man mit den Fingern ein Gitter bildet, durch das man hinaus in die Welt oder auf den Therapeuten schauen kann, der aber nicht hereinzuschauen vermag. Der Therapeut muß bereit sein zu einem gewissen Grad von Verschmelzung und doch bei sich selbst bleiben, wenn er quasi hineingesaugt wird in dieses Schauen, das sich in ein Betrachten der »Augenweide« verwandelt. Es ist nicht ganz leicht, Augenweide zu sein, und es ist gut, mit Heinz Kohut zu wissen, daß man ein Idealobjekt darstellt, ein Selbstobjekt, das mit den Augen verzehrt wird, damit es dann internalisiert werden kann. Man spürt, es handelt sich oft um Liebe im Primärzustand, und andächtiges Zurückschauen scheint mir die einzig angemessene Reaktion.

Es kann schön sein, sich verzehren zu lassen, wenn man sich an diese frühe Form der Interaktion gewöhnt hat. Der Patient kann sie meist erstaunlich gut unterbrechen; dann kehrt er gekräftigt aus der Phase des Trinkens zurück in einen Zustand, in dem er ganz andere Dinge kann: beobachten; lächeln; grimassieren; auch lauern; und am Ende kommen sogar Worte. Aber davor schalten sich mit einem regelrechten Ruck andere Teile des Gehirns ein, die Beziehung zum Therapeuten verändert sich. Wir haben Sprechkontakt und hantieren mit Symbolen und benennbaren Bildern aus der Innen- oder der Außenwelt. Und wir sind fähig, über unsere Beziehung zu sprechen, auch wenn manche innigen Teile sich geradezu sträuben, in Worte gefaßt zu werden. Das Innige geht dem Therapeuten leichter in die Seele; aber auch kurz aufflackernde, lauernde oder in Bruchteilen von Sekunden böse Blicke muß man benennen und den Patienten ermutigen, sie noch einmal zu riskieren. Wenn sie noch weit weg vom Bewußtsein sind, kann man ihn fragen, ob man den Blick imitieren dürfe, um dann nachzuforschen, was er mit diesem unserem gespielten bösen Blick anfangen kann. Allerdings ist es wichtig, keine Übertragungsfragmente ans Licht zu zerren, die sich erst einmal nur angekündigt haben, weil sie ein viel solideres positives Fundament brauchen, um sich wirklich zu entfalten und durchgearbeitet zu werden.

Sehr spät spreche ich das Kleinkind-Kußmündchen an, das fast unweigerlich zur frühen Innigkeit der primären Liebe gehört. Die Lippen schürzen sich in kurzen Abständen. Kennt man den Patienten schon ein wenig, so kann man es riskieren, mehr andeutend als vollkommen ausgeführt, das Küßchen zu erwidern. Die Reaktion: entweder ein scheues Ertapptsein, verbunden mit dem Versuch, das Ganze erst einmal ungeschehen zu machen, oder aber ein freudiges Einsteigen in einen kurzen Gestendialog aus der Zeit der frühen Leidenschaft zur Mutter, den der Vater erben kann, den es aber nicht zu überdehnen gilt. Dem Patienten hilft es, wenn man ihm für das ausgedrückte Vertrauen dankt und ihm sagt, wie schön es sei, daß ihm diese frühe Geste der Zuneigung erhalten geblieben ist.

Eine multimodale Nähe

Als starken Gegensatz zu der bei frühen Störungen oft eintretenden Verlorenheit auf der Couch, mit dem unsichtbaren Analytiker im Hintergrund, der nicht mehr als real und haltend, sondern manchmal als verweigernd und sogar verfolgerisch oder quälend erlebt wird, möchte ich ein weiteres Arrangement betrachten. Damit soll zugleich betont werden, daß manche Patienten Übertragungsformen in sich haben, die all diese störenden Elemente enthalten. Es ist nur allzu deutlich, daß sie durch das Couch-Arrangement quasi bestätigt und verstärkt werden und sehr lange keine Korrektur erfahren durch das bloße Deuten, auch nicht durch verbale Empathie. Durch die sich aufschaukelnde Frustration, ja den Wiederholungs-Haß, der oft nicht bewußt werden darf, kommt es zu negativen Verstrickungen, die nur schwer aufzulösen sind. Aus eigener Erfahrung als Patient und von der Arbeit mit Patienten in meinem »klassischen« Jahrzehnt als Analytiker kenne ich Phasen des Verhungerns auf der Couch, der Entwirklichung und der paranoiden Verschärfung der Stimmung, die deutlich iatrogene oder durchs Setting gegebene Einfärbungen trugen. In der analytischen Körperpsychotherapie besteht vielleicht am Anfang die Gefahr, die Abgründe im Patienten durch zu viele positive Erfahrungen zu überdecken; aber sie brechen sich doch Bahn, dann allerdings eingebettet in einen stabileren Halt und nicht mit der Neigung, in den durch das Arrangement gegebenen Verstärkungszirkel zu geraten.

Der Begriff »multimodal« bezeichnet in der Säuglingsforschung das Konzert der verschiedenen, zunächst getrennten, dann sich langsam vereinigenden sinnlichen Beziehungsformen, die das kleine Kind zur Mutter eingeht und mit deren Hilfe es ihr Bild allmählich zusammensetzt und vereinheitlicht. Der Geruch gilt als die ursprünglichste Form der Nähe und der Vergewisserung der Gegenwart der Mutter, und es gibt Patienten, die den Geruch des Therapeuten brauchen, um sich seiner Gegenwart sicher zu sein. Hier möchte ich drei Beziehungsformen oder auch Kanäle schildern – nämlich Berührung, Blickkontakt und sprachliche Kommunikation –, bei denen man die Schrecken und die Wonnen der allmählichen Zusammensetzung des »Objekts«, also in der Regel der Mutter, nacherleben, mildern, bestätigen oder korrigieren kann. Die aufwühlenden Vorgänge beginnen schon, wenn man den eben beschriebenen Formen des Halts einen uns bereits vertrauten hinzufügt: Man kann den Patienten, der liegt und schaut, ermutigen, seine Hand auf unser Knie zu legen. Dafür müssen wir den Sessel in seine »Reichweite« rücken. Manche können es sofort und gehen vor Anker. Bei anderen hebt sich die Hand und verharrt in der Luft, zögert, sinkt erneut auf die Couch und gibt vielleicht auf oder scheut eben die zusätzliche Nähe. Das alles kann man aufgreifen und besprechen und die auftauchenden Übertragungsfragmente betrachten. Manchmal bleibt die Ermutigung einfach bestehen als Angebot, das der Patient vielleicht später einmal nutzt.

Der angehende analytische Körperpsychotherapeut muß aber wissen, daß Ablehnungen oder Zurückweisungen einer Berührung durch den Patienten sich schmerzlicher anfühlen als die Zurückweisung einer auch noch so schön gedrechselten oder einfühlsamen Deutung, weil das Berührungsangebot mehr von unserem Selbst enthält. Die Verweigerung, zu der wir dem Patienten das völlige Recht einräumen, erreicht uns eher als Kritik und leichte Abwertung; sie kann sogar unser Angebot als Übergriff oder als zudringlich erscheinen lassen, je nachdem, mit welcher Bedeutung in der Übertragung das Nein angereichert ist. Manchmal sind wir sogar beschämt oder müssen ein Befremden ertragen, wie ich es in der drastischen Zurückweisung als »lüsternes Schwein« erlebt habe. Das Nein kann auch so klingen, daß wir Scham und Schuldgefühl empfinden. Dies alles gehört zu den Risiken des Metiers. Ihre Analogie sind zum Beispiel die Gefühle, die ein Analytiker erlebt, wenn er über längere Zeit auf Deutungen Spott erntet oder seine Einfühlung als falsch oder heuchlerisch erklärt wird.

Aber wenn der Patient auf das Angebot eingeht und wir, nach Rückfrage, unsere Hand auf die seine legen, muß er sich mit einer Nähe auseinandersetzen, die er so vielleicht noch gar nicht kennt. Es werden in ihm die Schmerzen oder auch die Trauer wach, die eine früher mißglückte Koordination der verschiedenen Kanäle hervorgerufen hat. Und schließlich lernt er zu unterscheiden und zu dosieren: Aus welchem Kanal beziehe ich Nähe, Schutz, Vergewisserung, Wärme, Kontur, Verschmelzung, Abgrenzung usw.? Und vermag ich all dies koordiniert oder besser ganzheitlich zu erleben, oder teile ich den Therapeuten in Partialobjekte auf, also verschiedene Teile, die ich durch unterschiedliche, voneinander getrennte Kanäle wahrnehme? Es gibt durchaus Patienten, die nicht gleichzeitig schauen und berühren können oder die nicht in der Lage sind, gleichzeitig zu berühren und zu sprechen; andere wiederum können über bestimmte Themen nur sprechen, wenn sie berühren. Es ist auch möglich, daß die einzelnen Kanäle auf verschiedenen

Altersstufen in unterschiedlichem Maß durchlässig sind. Wenn die Koordination gelingt, entsteht ein ruhiges Glücksgefühl, und im Therapeuten formt sich eine Stimmung, die man als »geglücktes Sein« bezeichnen könnte.

Für manche Patienten ist es bedeutsam, daß sie Zeit bekommen, um mit dem Blickkontakt lange zu experimentieren, und sie riskieren zunächst nur, für Bruchteile von Sekunden aufzuschauen, um dann die Augen rasch wieder zu bedecken. Schizoide Patienten erleben den kontinuierlichen Blick als eine Bedrohung ihrer Identität oder ihres inneren Zusammenhalts. Es ist wichtig zu erfragen, wie in der Familie mit den Blicken umgegangen wurde, und erst dann beginnt oft ein Prozeß des Erinnerns: über das belastende, abweisende, prüfende, verächtliche, mißtrauische, kontrollierende, vorwurfsvolle, leidende, überfreundliche, manchmal auch verzehrende, heimliche, bündnissuchende Kreuzfeuer der Blicke. Man gelangt, neben der Vielfalt der »Selbst-Bewegungen« (Günter Heisterkamp), die zur Autonomie und zur Freude an der eigenen Person führen, auch an den Reichtum der inneren Selbst-Bewegungen, die mit dem Schauen verbunden sind und die man auf der Couch ohne Blickkontakt oft nicht zu sehen bekommt. Werden sie nicht ausdrücklich thematisiert auch ohne die wichtige Selbsterfahrung auf der Couch, so kann es passieren, daß die ganze Dimension schizoider Scheu gar nicht therapeutisch wirksam berührt wird.

Das Brustbein als Schutzschild

Ist der Zustand des Patienten zu elend oder hat man das Gefühl, er könne den Ansturm bestimmter Gefühle gar nicht zulassen, so läßt sich im Mehrkanalsetting mit dem Therapeuten neben der Couch das Moment des Schutzes und der Wirksamkeit des körperlich dargebotenen Containers erhöhen. Man fragt den Patienten, ob man die flache Hand auf sein Brustbein legen dürfe. Das erste Angebot bewirkt oft ein erstauntes Aufatmen, dem ein deutliches Verengen des Atems folgen kann. Die erste Reaktion wird von der Hoffnung und dem »Aufatmen« hervorgerufen, weil etwas unbewußt lange Ersehntes geschieht. Dann folgt die Abwehr: Kann ich mit so viel Nähe umgehen? Welche Phantasien und Ängste werden mobilisiert? Kann ich dem Therapeuten schon so weit trauen, oder führt uns das in eine eher bedrohliche Intimität? Besonders bei Frauen ist ein kleiner Schock zu überwinden, in Gang gesetzt durch die bange Frage, ob Brustbein und Busen auch deutlich genug voneinander getrennt sind, um keine heikle Situation entstehen zu lassen. Der Therapeut spürt ebenfalls, daß er eine bislang unantastbare Zone aufsucht, er fühlt untergründig die Beklommenheit, wie auch immer sie sich so rasch und nahezu unbewußt mitteilt. Obwohl ich es auf Seminaren selbst erfahren und übend angewandt hatte, war ich bei den ersten Malen leicht befangen und mußte mir immer wieder erst sagen, daß das Brustbein ein unschuldiger, die Regression fördernder oder steuernder Ort ist. Man berührt den Busen nicht, und wenn die Schutz- und Containerfunktion eingesetzt hat, sind der Busen und alles potentiell Anzügliche meilenweit entfernt; die elterliche Gegenübertragung tut ein übriges. Gegenüber der erwachsenen Frau entwickelt sich eine Art achtungsvoller Vorsicht, die um die Gefahren dieser potentiell bedrohlichen Auslieferung weiß und die auch die mögliche Demütigung im Auge behalten muß, sich so in fremde Hand zu begeben, ohne die Situation noch durch erotische Eigenmacht kontrollieren zu können. Diese Vorsicht, die nur zum Teil ein eigenes Verdienst ist, sondern auch ein Geschenk der Gegenübertragung darstellt, vermittelt unter anderem die unausgesprochene Botschaft: »Wir wissen, daß wir Mann und Frau sind und daß eine erotische Anziehung denkbar wäre. Wir haben uns aber zu ganz anderen Zielen getroffen und sind eine Vereinbarung eingegangen, mit dem verletzten Kind umzugehen. Und auf das wollen wir erst recht achten in dieser ungewöhnlichen Nähe.«

Die Blicke der Patienten variieren dann ganz erstaunlich: Ihr Ausdruck reicht von Schrecken bis zu freudigem Anstrahlen. Ich greife hier zunächst nur diejenigen Affekte auf, die mit realem sexuellen, narzißtischen oder anaklitischen Mißbrauch zusammenhängen, also mit von Erwachsenen aufgezwungenen Formen von Bindung, die das Kind seelisch beschädigt haben. Meine Erfahrungen mit manifest sexuell mißbrauchten Patienten sind nicht sehr groß im Vergleich zu jenen mit auf vielfältige Weise »angeeigneten« Kindern, die den Ausweg aus diesem meist seelischen Mißbrauch nicht mehr gefunden haben.

Diese Patienten beginnen die Arbeit mit einem Blick, der ständig zwischen Furcht und Hoffnung pendelt. Denn als sie klein waren, konnten sie sich nicht wehren; wenn sie nun regredieren, tauchen die frühen Kämpfe wieder auf, die Angst um die Erhaltung der Integrität des eigenen Selbst, und der Therapeut muß achtgeben, daß er das geschwächte Ich nicht überfordert, das dieses bedrohte Selbst hätte schützen lernen sollen. Er muß ihm Ruhepausen gönnen; er muß es würdigen, daß die alten Ängste hochkommen; er muß aussprechen, daß der Patient jetzt auch noch einmal die Vertrauenswürdigkeit des Therapeuten neu überprüfen darf und soll. Daß der Therapeut den Ausdruck des offenen Mißtrauens als wichtige Leistung deutet, entlastet die Patienten, die meinen, angesichts der schon sicher zurückgelegten Wegstrecke sei ein so tiefes Mißtrauen nicht mehr statthaft oder gar undankbar.

Ganz im Gegensatz zu der Annahme, daß die analytische Körperpsychotherapie nur eine neue Verführung und eine Wiederholung des alten Mißbrauchselends sei, lediglich unter einer neuen und gefährlichen Maske, ist es meine Erfahrung und die meiner analytisch-körpertherapeutisch arbeitenden Kollegen: Das Thema des vielfältigen Mißbrauchs ist so leichter und gründlicher durchzuarbeiten als im klassischen psychoanalytischen Setting, wo vieles oft nur auf der Ebene der Phantasie bleibt.

Patienten, die sich sehr weit von ihren Gefühlen entfernt haben und eine körperliche Sperrmauer gegen frühe Übergriffe um sich herum aufgebaut haben, so daß sie oft erstarrt wirken und sich selbst so fühlen, spüren unter der Hand auf dem Brustbein zunächst einmal gar nichts. Oder sie empfinden die Entfernung zwischen der Hand und dem Körperinneren, das noch gar nicht als der Sitz der Seele wahrgenommen wird, als sehr groß. Für den Therapeuten fühlt sich dies in der Gegenübertragung befremdlich an; er spürt zwar die Körperwärme und einen Rest von Atem, wenn der nicht völlig aussetzt, aber keine »Antwort«. Es ist, als habe er sich in eine Gruft verirrt, und die Hand möchte sich zurückziehen, weil man Lebloses nicht berühren sollte. Dies wäre aber wie ein Verrat am Patienten und würde nur wiederholen, was er sich selbst angetan hat. Auf die Frage, wie sich der Raum zwischen Hand und Innenleben anfühle, kommt gelegentlich die Antwort: »Da scheint Styropor dazwischen zu sein.« Es ist wichtig, keinerlei Druck in Richtung auf eine auftauchende Empfindung auszuüben, wie es in manchen Körpertherapien geschieht, was ihnen den Verdacht des »Puschens« eingebracht hat. Der Therapeut kann fragen, ob er die Hand liegenlassen soll, was meist bejaht wird, und dann mag man sich ruhig dem verbalen Umgang mit diesem oder einem anderen Thema zuwenden. Die aufliegende Hand hat eine feine, untergründige Wirkung und bereitet die Wiederkehr der Seele in den Körper vor.

Es kann aber hilfreich sein, die Atembewegungen leicht zu unterstützen, dann spürt der Patient, daß ein empathisches Mitgehen mit dem Atem möglich ist. Dies wird in der Regel als fürsorgliche Nähe empfunden, wenn sich das Fremdheitsgefühl gelegt hat. Bei einem weitreichenderen Rückzug der Seele aus den körperlichen Kontaktflächen mag der Patient zwar dem Verbleiben der Hand zustimmen; es bleibt aber für längere Zeit ein Befremden, das auch der Therapeut zu spüren bekommt, das jedoch inzwischen verbunden ist mit einem vorsichtigen Aufkeimen von Hoffnung, es könne zu einem »Tauwetter« und dem Wiederbeginn eines leibseelischen Dialogs kommen. Vorher ist schwer abzuschätzen, ob das Tauwetter sich im Blickkontakt vollziehen wird, in oder unter der Berührung, durch das begleitende Gespräch über die empathische Einfühlung oder durch das Zusammenspiel aller Kanäle.

Für manche Patienten ist es wichtig, mit unterschiedlich starkem Druck zu experimentieren; sie sagen: »Probieren Sie es mal stärker, vielleicht spüre ich dann etwas!« Aber bald merken sie, daß ein als mechanisch erlebter Druck gar nichts hilft. Die »heldenhaften« Abwehrkünstler behaupten nämlich: »Da können Sie ruhig ein Auto draufstellen, da halte ich nur mal kurz die Luft an und grinse.« Wenn man sie aber ermutigt, die Hand des Therapeuten mit der eigenen Hand zu halten oder zu beschweren, wirkt das wie ein Geschenk: Experimentieren, Kooperieren, eigenes Drücken erlaubt! Es kommt hierbei noch hinzu, daß sie die Hand auch festhalten können, deren Verschwinden sie ohnehin dauernd fürchten, und so fühlen sie sich sehr viel sicherer und mutiger; sie sind aktiv und nicht mehr nur einem Geschehen unterworfen, das sie auch ein wenig beschämt. Der männliche Therapeut staunt, wieviel er über mütterliche Gefühle lernt und wieviel davon ihm die Natur, ohne daß er es wußte, mitgegeben hat. Die väterlichen Anteile bei diesen Interaktionen sollen nicht geleugnet werden, sie haben ihren eigenen Wert, werden aber später noch eindeutiger als solche gebraucht und begehrt, wenn es mehr um Kraft, Kampf, Behauptung, Wettstreit und Selbstbehauptung geht.

Patienten, die die Klippen der frühen Selbst- und Ichentwicklung relativ gut überstanden haben, rufen beim Therapeuten die bis jetzt besprochenen Berührungsformen viel weniger ab als früh Entwicklungsgestörte. Sie wollen sie zwar erproben, wenn man sie anbietet, aber nur, um zu entdecken, daß sie sie höchstens in einer schmerzhaften und regressiven Krise in Anspruch nehmen würden. Patienten, die in einer auch sexuell befriedigenden Partnerschaft leben, sind ebenfalls zurückhaltender gegenüber manchen Formen körperlich-regressiver Berührung, weil sie innerhalb der erotischen Beziehung meist ausreichend Zugang zu regressiv-schützender Versorgung haben. Schon daß sie ihre Partnerbeziehung gefunden und gestaltet haben, mag ein Anzeichen dafür sein, daß die »Grundstörung« nicht allzu ausufernd wirksam war. Ihre Haltung gegenüber dem bisher beschriebenen körpertherapeutischen Angebot ist dann eher: »Das brauche ich so nicht, aber es kann zwischendurch mal ganz angenehm sein.«

Die Hand auf dem Bauch

Eine ganz besondere, explorierende wie schützende Art der Berührung ist die Hand auf dem Bauch. Die mütterliche Hand liegt auf dem Bauch, wenn es um Beruhigung, Tröstung, um dem ersten Anschein nach leichtere Erkrankungen wie Magenschmerzen, Blähungen, Durchfall und Verstopfung geht, die mit Schmerzen, Angst, Unruhe, auch mit dem Gefühl des Unheimlichen aus dem eigenen Körperinnern verbunden sind. Die Berührung reichert sich natürlich durch vielerlei symbolischen Gehalt an, und die Übertragungen schwanken zwischen Dankbarkeit für den Schutz, die Empathie und die Beruhigung einerseits und Angst, Schrecken und Mißtrauen bei oft entgleister früher Interaktion andererseits. Wiederum handelt es sich um einen Risikoschritt, der mit einem leichten Erwartungsschock verbunden sein kann. Es gibt kaum eine dauerhafte körperliche Abwehrhaltung zum Schutz des Unterbauches, wie sie sich an anderen Stellen des Körpers findet, die dann die typischen Muskelverhärtungen oder Dauerverkrampfungen aufweisen. Zwar kann man spüren, wie der Atem aus dem Bauch in die Brust entweicht und wie sich die Bauchmuskulatur hart und schützend zusammenzieht. Aber mir ist keine dauerhafte Verhärtung der Bauchmuskulatur begegnet. Deshalb ist bereits die Erlaubnis, die Hand auf den Bauch zu legen, ein bedeutungsvoller Vertrauensbeweis. Beide Partner überschreiten eine Schwelle, jenseits derer sie sich erneut im Grad der Nähe aufeinander einstellen müssen. Die noch weitreichendere Auslieferung kann angst machen, die Nähe zu den Genitalien und die Furcht vor Schmerzen, wenn es zu einer groben Berührung käme.

Eine Variante ist vorübergehend bedeutsam: Die Bauchgegend kann so sehr von Kleidung und Gürtel bedeckt sein, daß die Hand von den Bewegungen der Bauchdecke nichts mehr spürt, und auch für den Patienten ist die Hand kaum noch als solche erlebbar. Gelegentlich gleichen Gürtelschnallen einem regelrechten Schutzschild oder dem Unterteil einer wehrhaften Brünne. Dann frage ich, ob der Patient den Gürtel öffnen kann und ich mit der Hand unter den Pullover oder die Jacke fahren darf. Nach der Erfahrung mit der Hand über der vielschichtigen Kleidung wird dies meist zugestanden und schließlich als angenehm erlebt. Es kommt sehr stark auf die innere Haltung des Therapeuten an, viel hängt von seiner ruhigen Sicherheit und der Gewißheit ab, daß er den Kontakt mit dem verletzten Kind sucht. Gerade solche von außen zwielichtig oder gar anstößig erscheinenden Interaktionen bieten eine besonders gute Gelegenheit zur Aufarbeitung »schlüpfriger« Übertragungen und mißbräuchlicher Berührungen. Ein gemeinsames Ziel kann es sein, überhaupt wieder die Atmung in Gang zu bekommen, wobei der Patient oft erst lernen muß zu spüren, daß eine starke und regelmäßige Atmung nicht in eine Gefühls- oder Beziehungskatastrophe führt. Es ist aber auch wichtig, bei gestocktem Atem die untergründige Angst zu untersuchen. Dabei spielt die multimodale Struktur unserer Beziehungen eine wichtige Rolle: Das Selbstfragment, dessen Ängste, Abwehr und Hoffnungen um die Bauchdecke und deren Berührung herum zentriert sind, kann noch bei seiner »gestörten« Beziehung bleiben, während unter Umständen das sprachliche Ich relativ frei über das leibseelische Geschehen und die Beziehung zum Therapeuten zu sprechen vermag und dabei durchaus an einem vertrauensvollen Kontakt zu ihm auf der sprachlichen Ebene festhält.

Und immer wieder ist die Frage an den Patienten wichtig, ob die Berührung noch angemessen und stimmig ist, eine Frage, die nicht nur die Autonomie fördert, sondern eine Schulung in leibseelischer Introspektion einleitet und diese zunehmend sicherer macht.

Der Umgang mit prüfender Passivität

Es gibt Patienten, die zwanzigmal darauf warten, daß die Einladung zur Berührung vom Therapeuten ausgeht. Zu tief waren die Demütigungen und Zurückweisungen bei früheren Versuchen der Annäherung. Das »Ich war nicht willkommen und könnte auch jetzt nicht willkommen sein« hat sich auf der Körperebene so tief eingegraben, daß die Verknüpfung langsam gelöst und umgepolt werden muß. »Wie kann ich wissen, bei allen vergangenen Malen, die positiv verlaufen sind, daß Sie ausgerechnet heute wieder bereit dazu sind?«, lautet die durchaus aggressiv formulierte Frage, und es kann schon vorkommen, daß man ärgerlich wird, weil man sich leicht erpreßt fühlt durch eine nicht enden wollende leidvolle Passivität. Man muß einen Pakt schließen, in den eine durchaus starke eigene Willensbekundung eingeht: »Ich möchte, daß Sie den Mut aufbringen und es immer wieder ausprobieren. Falls es schiefgehen sollte, helfe ich Ihnen bei der Bewältigung der Kränkung.« Die Überwindung von Schranken oder besser Schwellen im körpertherapeutischen Dialog erfordert gelegentlich eine gewisse pädagogische Energie, die nicht damit zusammenhängt, daß dem Patienten etwas aufgezwungen werden soll. Sondern er braucht Motivationshilfen, wie sie jedes Kind unzählige Male durch die Eltern findet; und deren Fehlen beim Patienten kann nicht einfach abgetrauert werden. Er gelangt sonst nicht aus eigener Kraft zu neuen Lebensbewegungen, wenn er zur Überwindung frühester und früher leibseelischer Hemmungen nicht einen gewissen Schub erfährt und einen Ansporn zu neuer Exploration seiner Möglichkeiten in eigener Regie. Ich nenne es Verführung zum Leben. Denn es geht nicht so sehr um eine durch Deutungen zu lösende Arbeit an konflikthaften Widerständen angesichts eines reichen, aber verbogenen Ichs, sondern, so möchte ich fast formulieren, um Frühförderung von Patienten, denen ein Teil der vitalen Selbstbewegungen und des frühen Handlungsdialogs im breitesten Sinne verlorengegangen sind.

Die Hand halten

Bei Kindern, die aus dem Krabbelalter heraus sind, führt das Halten der Hand oder der Hände zu einem ganzen Kosmos von Beziehungsformen. Das heißt nicht, daß die Hände nicht schon vorher eine bedeutende Rolle spielten, etwa als Hilfe beim Aufstehen, bei den ersten Schritten, bei Singspielen auf dem Schoß der Mutter, ja schon bei der Hilfe zum ersten Aufsitzen. Diese Formen des frühen Halts werden natürlich wiederum mit einem stark symbolischen Gehalt aufgeladen. Später spielt über Jahre das Gehen an der Hand eine Rolle, das Ziehen und Drücken, der Halt bei den vielfältigen »gymnastischen« Übungen, das Kämpfen mit den Händen, das Klammern und das Zerren an der Hand der Eltern. Auch dies ist nicht denkbar ohne die vielfarbige symbolische Grundierung als Halt, die das Fundament aller Aktivitäten bildet.

All dies kann wachgerufen werden, wenn man neben der Couch sitzt und anbietet, die Hand des Patienten zu halten oder die eigene Hand so zu legen, daß er nach ihr greifen kann. Meist bleibt es im Fall von eher depressiven Patienten zunächst lange bei einem dankbaren, manchmal andächtigen Ruhen der Hand in unserer Hand. Lassen sich die begleitenden Gefühle formulieren, so heißt es oft erstaunt: »Daß ich sie so lange halten darf.« Oder: »Macht es Ihnen nichts aus, wenn meine Hand feucht wird?« Höchstens einmal: »Darf ich mal ganz kurz loslassen, ich muß die Nase putzen; aber nicht weggehen!« Dieser Halt ist in den meisten Fällen eine Ermutigung zur Vertiefung der Beziehung, aber auch eine Ermutigung, schwierige Themen anzusprechen. Am hilfreichsten ist natürlich die Frage: »Was fällt Ihnen ein zum Handhalten?«; und schon strömen die Erinnerungen, die guten wie die schlimmen, und die angelockten Phantasien. Zum Abschied gegen Ende der Stunde gehört die allmähliche Trennung der Hände, die am leichtesten gelingt, wenn man zu einem kräftigen Händedruck ermutigt; dann kann auch die meist sehr weiche Hand die regressive Erschlaffung aufgeben und in die »normale« Betriebsspannung zurückkehren. Wichtig ist es auch zu prüfen, ob der Patient von sich aus schon die Hand loslassen, also einen aktiven Abschied vollziehen kann.

Kampf- und Kraftpositionen auf der Couch: Die Faust

In jedem Kleinkind und in jedem Patienten gibt es den Wunsch nach Erprobung der eigenen Stärke, den Wunsch nach Kampf und den vielfältigen Ausdruck von Aggression, selbst wenn er lange verschüttet war. Auch hier wird man dem Patienten nichts aufdrängen; man genießt es als Analytiker, wenn der Patient ein eigenes Inventar zum Ausdruck von Stärke und Wut im verbalen Bereich hat und wenn man das Gefühl hat, der verbale Ausdruck sei ein angemessenes Mittel für die Stufen von Zorn und Kränkung, die der Patient erlebt. Sehr oft aber sind ihm seine Ausdrucksformen früh und drastisch beschnitten worden, mit den verschiedensten Mitteln von Schlägen bis zu Liebesentzug. Damit ist auch seine Ichbildung beschnitten worden, und die seelische Struktur hat entweder massive Lücken, oder es kam zu neurotischen Kompensationen oder Hemmungen und fühlbaren Icheinschränkungen. Deshalb kann es wichtig sein, mit diesen leibseelischen Frühformen der körperlichen Ausdruckshemmung umzugehen, die sich weit in den symbolischen Bereich hinein bemerkbar macht. Nicht zuletzt bei depressiven Erkrankungen hat sich die verbotene Abfuhr von Aggression gegenüber den frühen Liebespartnern als gefährliche Wendung nach innen ausgewirkt. Depressive finden es zunächst lange Zeit befremdlich, komisch, kindisch, künstlich oder beschämend, mit körperlicher Aggression umzugehen. Es braucht viel Erklärung, Durcharbeiten von Lähmungen, Umgang mit der Scham, bis die verbotene Freude am Ausdruck der Wut, aber auch einfach am kraftvollen Umgang mit Widerständen sich wieder zeigen darf.

Man kann dem liegenden Patienten, dessen Hand man vorher gehalten hat, anbieten, eine Faust zu machen, und man fragt, ob man sie mit beiden Händen umschließen darf.

Je nach Stimmung wird er seine Faust in meine Hände einkuscheln, sich dieser Geborgenheit überlassen und alles Kämpferische vergessen, obwohl es vorher in Voranzeichen gut sichtbar war und nur noch mühsam verdrängt wirkt. Oder aber er wird anfangen, seine Kraft im Unterarm zu erproben. Für Therapeutinnen mag es wichtig sein zu verlangen, daß der Ellbogen auf der Couch liegen bleibt, damit sie ausreichend Halt geben können; denn kräftige Patienten würden sie mit gestrecktem Arm leicht hin- und herschütteln. Es macht überhaupt nichts, wenn der Patient spürt, daß man Mühe hat, ihn zu halten; man ist aber verantwortlich dafür, daß man ihn halten kann, vor allem, da es um Sicherheit, Grenzen und Größenphantasien geht. Es ist wichtig, sich über die Implikationen einer Interaktion im klaren zu sein, und manches von dem, was ich über Kampfpositionen schreibe, muß von Therapeutinnen vielleicht für ihre jeweiligen Kräfte, und je nach der Stärke des Patienten, neu durchdacht werden.

Die Faust wird bei dieser Interaktion leicht zum Symbol des ganzen leibseelischen Selbst, der persönlichen Schüchternheit wie der Phantasie von der eigenen Kraft und Gefährlichkeit. Deshalb rütteln manche Patienten mit ihrer Faust in unseren Händen teils zaghaft, teils voll wachsender Freude, aber auch mit einem verzweifelten Siegeswillen, der die Niederlage wie eine extreme Demütigung erleben würde. Es ist daher wichtig, ihnen zu sagen, daß es nicht um Sieg und Niederlage oder gar Demütigung geht, sondern um sichere Grenzen bei gleichzeitig verläßlichem Halt, damit sie uns ihre volle Kraft zeigen können, ohne Schaden zu erleiden oder anzurichten. Denn beides ist vielen Menschen passiert, und ein solcher Schaden wurde oft zum bestürzenden Wendepunkt im Gebrauch der eigenen Kräfte.

Dies alles wird nicht verhindern, daß sich im Patienten auch beängstigende Übertragungen entwickeln, aber sie nehmen sich bei erhaltener Berührung weniger bedrohlich aus, als wenn sie sich innerhalb der reinen Psychoanalyse über Wochen und Monate in oft schwer durchschaubarer Form hinziehen und vielleicht noch eine settingsbedingte Verstärkung erfahren. Denn die Entwicklung zur zerstörerischen Aggression – neben kontinuierlicher Frustration und Demütigung – findet oft dann statt, wenn sich in der Kindheit keine angemessene Ausdrucksmöglichkeit findet, die ja über lange Zeit hinweg vor und neben dem Verbalen direkt körperlich wäre. Auf der Couch haben wir es sehr oft mit den in einem langen Prozeß allmählich vergifteten Formen von Aggression zu tun, die in einem Zersetzungsprozeß aus gehemmter körperlicher Wut entstanden sind.

Kampfpositionen: Der Kopf

Einen großen Schritt in völliges Neuland bedeutet es ohne Zweifel für den Analytiker, wenn er sich zum Patienten auf die Couch setzt. Dabei ist allerdings zu bemerken, daß eine Reihe von analytisch orientierten Körperpsychotherapeuten nur noch in begrenztem Umfang die Couch miteinbezieht. Sie arbeiten auf dickem Teppichboden, mit oder auf Matratzen, so daß sich einige Arrangements entsprechend verändern. Da meine flache Schaumstoffcouch aber sehr viele Varianten des Körperdialogs zuläßt, habe ich sie als Hauptort für alle hauptsächlich im Liegen stattfindenden Aktivitäten beibehalten. Für einige Formen des Körperdialogs und der Verständigung über Affekte setze ich mich selbst auf die Couch.

Die erste hier beschriebene Position dient der Ermöglichung einer Form von Aggression, Kampf und Suche nach Halt und Sicherheit, die sich bei Kindern vom Krabbelalter bis etwa ins Alter von zehn oder zwölf Jahren erstrecken kann. Ich nenne sie die »Kopf-durch-die Wand«-Übung. Sie ruft auch bei erwachsenen Patienten alle möglichen Varianten von Gefühlen hervor oder läßt sie vielmehr zu, wenn sie sich in Zeichen, Spuren und Vermutungen, Träumen oder anderen affektiven Signalen erst einmal haben blicken lassen. Ich erkläre dem Patienten zunächst das Setting, damit er nicht über mein Eindringen in seinen Raum erschrickt. Schon diese Ankündigung, daß ich mich auf die Couch setzen werde, löst natürlich eine gewisse Aufregung aus. Aber meist wird das Experiment begrüßt, das allerdings ein Stück gemeinsamer Erfahrung mit der Körperarbeit voraussetzt. Ich setze mich also, mit dem Rücken an die Wand gelehnt, an das Kopfende der Couch und lade den Patienten ein, sich auf den Bauch zu legen und mit seinem Kopf oder seiner Stirn gegen meinen Oberschenkel anzukämpfen, bis hin zu dem Versuch, mich von der Couch herunterzustoßen. Manchmal verwende ich ein Kissen zur Abfederung, erst recht, wenn zu erwarten ist, daß der Patient »wie ein Stier« kämpfen wird. Um seinem Druck sicher standzuhalten, stelle ich das freie Bein als Stütze auf den Boden. Meine linke Hand liegt bei fortgeschrittenem Kampf auf seiner Schulter und signalisiert einen Kanal von gutartiger Beziehung.

Jetzt läßt sich eine breite Palette von Bewegungsformen und -hemmungen beobachten und dialogisch, vor allem aber auch lautlich begleiten. Gehen wir von der am häufigsten entfalteten »Kampftechnik« aus, dann werden, ähnlich dem krabbelnden Säugling, aber auch dem gelenkigen Kriechtier, Ellbogen und Knie in strategischer Weise benutzt, um eine kraftvolle Vorwärtsbewegung zu erzeugen. Die Aufgabe schließt in der Normalvariante allerdings aus, daß der Patient sich mit den Händen am Couchrand festkrallt und sich dadurch mit großer Kraft vorwärtszieht oder -rammt. Diese Einschränkung ist wichtig, damit ich sicher sein kann, Halt geben zu können, und damit es bei einer Aggression bleibt, die ihre Ausdrucksform im Kriechen, Drücken und Stoßen mit dem Kopf findet. Patienten mit gehemmten Formen der Bewegung verzichten entweder auf den Gebrauch der Arme oder der Beine oder auf Verankerungen mit Bauch oder Becken auf der Couch, die ein Widerlager bilden. In der Gegenübertragung kann man bei der ersten Form innerlich freudig mitgehen, während bei den gehemmten Formen eher ein Stück Resignation oder Mitleid mitschwingt, die man dann im Nachgespräch szenisch lokalisieren kann.

Der Kampf wird in der Regel lustvoll engagiert, erbittert oder sogar verbissen geführt, oft in wütendem Unglauben, daß ich einen so stabilen Widerpart bilde. Es ist gut, immer wieder zu betonen, daß es nicht um Sieg oder Demütigung geht, sondern um das Erproben der eigenen Kraft, der Wut und der mit ihr verbundenen Größenphantasien. Die sind in der Regel zäh; mancher Patient hebt den Kopf, kann es nicht fassen, daß ich nicht längst am Boden liege, und macht sich mit einem »Das wäre doch gelacht!« wieder ans Werk, bis Ermattung, Atemnot oder ein Schweißausbruch dem Kampf ein Ende machen. Spätestens dann ist es erneut Zeit, ihm die Hand auf die Schulter zu legen und mit einem anerkennenden Satz wie »Sehr gut gekämpft!« die Phase der Ruhe und der Erholung mit diesem so anderen Halt zu begleiten. Die Hand signalisiert: »Es war ein guter Kampf, er hat mir auch Spaß gemacht; es war schön, Ihre Kraft zu spüren, es ist nichts Schlimmes passiert, und unsere Beziehung hat sich vielleicht sogar vertieft!«

Manche staunen meine Kraft an und wollen wissen, wie ich es geschafft habe, Halt zu geben. Dann erkläre ich meine eigene Position auf der Couch, zeige das ausgestellte Bein, das wie ein äußerer Stützpfeiler wirkt, der den Druck in den Boden abführt, und sage noch einmal, es komme auf den sicheren Halt an. Erhellend sind beim Durcharbeiten Fragen wie diese: »Wie ist Ihre Familie mit Kraft und Gewalt umgegangen? Wie sind Sie an sichere oder unsichere Grenzen gestoßen, und wo mußten Sie früh sich selbst Grenzen setzen, weil es in der Familie instabile Stellen gab, die vielleicht den Ausblick auf Abgründe freigaben oder die sogar die Schwelle zum Abgrund bedeuteten?«

Die Geographie des Rückens

Eine für mich zentrale Form des Haltgebens ist die Berührung von Rücken zu Rücken. Der Patient wird eingeladen, sich mit dem Gesicht zur Wand auf die Seite zu legen, so daß für den Therapeuten ein bequemer Sitzplatz in Höhe der Lendenwirbelsäule bleibt. Wenn ich diese Form der Berührung vorschlage, wird sie oft nicht sofort verstanden, es entsteht eine leichte Verwirrung; die Position der beiden Partner muß erneut erklärt werden, oder der Patient läßt zunächst kaum Platz zum Sitzen. Dann muß ich ihn auffordern, näher zur Wand zu rücken. Ich sitze ja zunächst noch auf meinem Sessel hinter der Couch, der Patient befindet sich beim ersten Mal in einer Warteposition für ein ihm unbekanntes Abenteuer. Ich gehe dann nicht sofort hinüber, sondern frage: »Wie fühlt sich das an, daß ich mich gleich an Ihren Rücken setze?« Dieses Warten mit noch ungeschütztem Rücken löst unter Umständen bereits intensive Übertragungen aus, etwa dergestalt: »Von hinten lauern unbekannte Gefahren; ich fühle mich ungeschützt; ich fühle mich klein, nackt, ängstlich, frierend, verschmutzt.« Aber auch, wenn es eine breite positive, auch auf den Körper bezogene Grundübertragung schon gibt: »Ich bin voll freudiger oder ungeduldiger Erwartung; wann kommen Sie endlich?«

Ich hätte mir die affektive Geographie des Rückens vorher niemals so lebendig vorstellen können, wie sie sich dann herausgestellt hat. Inzwischen habe ich es mir zur Gewohnheit gemacht, mein Kommen anzukündigen, um es nicht als ein plötzliches Eindringen in den Raum des anderen zu inszenieren. Außerdem sage ich: »Ich setze mich so, daß erst einmal ein kleiner Zwischenraum zwischen unseren Rükken bleibt, und bitte Sie, die Annäherung und Kontaktaufnahme zu gestalten.« Manche Patienten bleiben erst einmal reglos liegen und gehen mit der auch ohne Berührung ungewohnten Nähe um. Ich frage oft nach: »Wie fühlt sich das an?« Die Antwort kann lauten: »Ich bin ein bißchen aufgeregt, ich spüre ja die Nähe schon.« Dann erfolgt vielleicht eine vorsichtige Annäherung, eine fast schmetterlingshaft leichte Nähe, noch weniger als tastend, wie wenn man sich einem unbekannten Tier nähert, von dem man nicht weiß, ob es gutartig oder grimmig ist. In der körperlichen Gegenübertragung läßt sich diese Vorsicht, die sich vom Ängstlichen ins Zärtliche verwandeln kann, gut verfolgen. Die Gegenübertragung scheint mir vergleichbar dem Gefühl, das man als Gast in einer Familie mit einem kleinen, vielleicht ein- bis eineinhalbjährigen Kind hat, das sich dem Fremden scheu und doch hoffnungsvoll nähert. Aber natürlich spürt man auch, wie tiefe Ängste mitschwingen, weil es sich ja, trotz des schützenden Settings, um ein »blindes« Anvertrauen handelt, da der Patient den Therapeuten nicht sieht.

Falls nötig, kann man, sozusagen vor einer kraftvollen Berührung, allein schon diese Annäherung der Rücken zu einem Thema für die Durcharbeitung machen. Der Therapeut muß dann entscheiden, ob er auf der Couch sitzen bleibt oder seinen Sessel wieder aufsucht. Es sind viele Varianten möglich, aber befragt, sagen die meisten: »Sie können ruhig sitzen bleiben«, und doch gibt es einzelne, denen nach einer »Nähepause« zumute ist. Sie spüren, daß sie innerlich erst Raum schaffen müssen; manche sagen erstaunt: »Daß es so etwas gibt!« Dies ist besonders dann der Fall, wenn sie in einer langen Analyse an eine strikte Abstinenz der klassischen Art gewöhnt wurden und diese so stark verinnerlicht haben, daß sie als angeblicher Schutz des Patienten idealisiert wird. Mit diesem mitgebrachten Fremd-Überich muß man sich immer wieder auseinandersetzen, und es ist wichtig, es nicht forciert zu unterlaufen, und ebenso notwendig ist es, diese frühere Abstinenz nicht zu entwerten, sondern das in ihr steckende hohe Ideal zu würdigen. Solche Patienten leben eine ganze Weile mit einer Spaltung des Therapeutenbildes: Sie fühlen sich edler analytischer Abkunft, aber noch behandlungsbedürftig; der neue Therapeut scheint nicht ganz gesetzestreu, aber irgendwie zugänglicher, sichtbarer und sogar anfaßbar. Die Verwirrung legt sich nach einiger Zeit, wenn eine Reihe von Berührungsformen ohne nachfolgende Katastrophe und mit tiefenpsychologischer Aufarbeitung erlebt worden ist. Manchmal kommen Fragen, in der Regression wie von Kindermund aus der Zeit der ersten Gewissensbildung: »Ja, darf man denn das?«, oder, in etwas erwachsenerer Form: »Was sagen denn Ihre Kollegen oder Ihr Berufsverein dazu?« Manche geloben einem in neuer, fast konspirativer Loyalität: »Ich werde es niemandem erzählen!«

Das »Ich werde es niemandem erzählen« führt meist zu dem spannenden Thema der Heimlichkeit, auch des parentifizierten Sich-Anbietens in einer Kollusion, die oft gegen einen Dritten gerichtet war. Die Gegenübertragungsreaktion ist ebenfalls gespalten: einerseits in ein peinliches Gefühl, in eine solche Kollusion gedrängt zu sein und mit fast erschlichener Nähe umzugehen; andererseits bin ich tief berührt, daß mir ein »Kind« das Teilen eines Geheimnisses anbietet und unserer Nähe eine fast andächtige und doch ein wenig anrüchige Aura geben will. Nicht jedes Angebot einer Kollusion ist neurotisch. Für manche Kinder allerdings war Nähe anders oft nicht zu haben, und es hängt vom Ausmaß der Spaltung etwa zwischen den Eltern ab, ob das Geheimnis mehr destruktive oder spielerische Elemente enthält.

Wenn der Patient sich auf einen engeren Kontakt einlassen kann, gleicht die Annäherung oft einem regelrechten Andocken. Es braucht ein Suchen nach der richtigen Stelle, und auch die konvexen und konkaven Partien wollen, so gut es geht, ineinandergefügt sein. Aber dann entsteht für den Patienten auf einer relativ großen Fläche ein Gefühl von Wärme, Druck, Kontur, Verschmelzung, Schutz und Rückhalt. Da man nicht alles auf einmal haben kann, wählt das vorwiegend unbewußte Beziehungsbedürfnis des Patienten die gerade dominante Komponente aus und genießt sie, wobei der Genuß immer wieder bedroht ist durch die mit einer solchen Interaktion verbundenen Ängste. Aber meist steht das positive Erleben im Vordergrund.

Stößt die Berührung auf ein im Unbewußten starkes Bedürfnis nach Verschmelzung, vor allem aufgrund von Erfahrungen intensiven Mangels an väterlichem Rückhalt, etwa bei »Vaterentbehrung«* in ihren vielfältigen Formen, dann vollzieht sich ein eigenartiges Phänomen: Über den normalen Austausch von Wärme hinaus kommt es bei beiden Partnern zu einer Art Überwärmung, die sich zunächst befremdlich anfühlt. Es ist, als hätte man ein Heizkissen zwischen sich. Beim ersten Mal war es mir peinlich, und ich fragte den Patienten, einen Kollegen, scheu, ob er Ähnliches spüre. Als er bejahte, mußten wir lachen und konnten dann die Wärme genießen, und es schien uns plausibel, symbolisch von einer langen Sehnsucht und einer Aufgeregtheit der Zellen durch die unerwartete und lang entbehrte Nähe zu sprechen. Diese Überwärme hat sich auch in den Seminaren, in denen ich die Position üben ließ, immer wieder bei einzelnen Teilnehmern eingestellt, und sie ließ sich je-

* Vgl. dazu das vielschichtige und materialreiche Buch von Horst Petri *Das Drama der Vaterentbehrung. Chaos der Gefühle – Kräfte der Heilung*, Freiburg 1999.

des Mal mit einer schweren Störung in der Beziehung zum Vater oder mit seinem völligen Fehlen, bei den älteren Teilnehmern meist durch Kriegseinwirkung, in Verbindung bringen.

Einzelne Patienten suchen weniger die Verschmelzung als die Konturierung, meist auf zwei Arten: einmal durch ein Tasten mit dem Rücken, so daß man neben der Kontur auch das Bemühen um die Erforschung der Struktur des Rückens spürt. Häufig geschieht die »Überprüfung« der Realität des Rückens und seiner Stärke auch durch ein vorsichtiges oder heftigeres Reiben, fast so, wie wenn sich ein Tier an einem Baum reibt oder ein kleineres Tier an einem größeren. Noch deutlicher ist das Bedürfnis nach Halt, Kontur und Grenze, wenn man spürt, wie deutlicher Druck ausgeübt wird, der sich zur Lust am Kampf wie zum verbissenen Ringen steigern kann. Zu diesem muß man extra einladen, indem man etwa sagt: »Sie können mir zeigen, wie stark Sie sind, oder einmal versuchen, mich von der Couch herunterzuschieben.« Bedingung dabei ist nur, daß der Patient sich nicht an der Wand abstützt, weil es sonst ein leichtes ist, den Therapeuten über die Kante zu drücken. Die Kraftanwendung soll nur durch die Haftung mit Händen, Beinen und Becken auf der Couch geschehen. Wie bei der Interaktion »Kopf durch die Wand« kommt es zu großer, meist lustvoller, aber durchaus auch wütender Kraftanstrengung, der man mit ausgestellten Beinen und einem eventuellen Halt mit den Händen an der Couchkante gut standhalten kann. Wichtig sind, wie schon bei früheren Übungen, Sätze, die betonen, daß es nicht um Demütigung oder Triumph, sondern um Kraft, Halt, Kampf, sichere Grenzen geht. Sie sind vor allem dann notwendig, wenn Demütigung und Triumph bedeutsame Themen sind, die in einem solchen Zusammenhang dann leichter auf ihren neurotischen Gehalt untersucht werden können.

In den meisten Fällen aber liegen die Patienten, wenn sie

die ihnen gemäße Form der Nähe und des Drucks gefunden haben, ruhig da und tanken Beziehung, schweigen oder sprechen, bis sie von sich aus eine Veränderung suchen, eingeleitet etwa mit der Frage: »Kann ich mich einmal auf den Rücken drehen?«, weil sie zu der Nähe auch Augenkontakt oder Berührung mit der Hand suchen. Diese Suche wird gelegentlich schon aus der Seitenlage heraus eingeleitet, so als bräuchte die intensive Berührung mit dem Rücken einen zusätzlichen, orientierenden oder ergänzenden Kanal.

Der Wechsel in die Rückenlage kann aus mehreren Motiven heraus erfolgen: Suche nach Blickkontakt, nach Kontrolle, nach dem aktiven Übergang von einer Form der Nähe in eine andere; Beteiligung der Hand, die vielleicht vorsichtig nach dem Oberarm greift, und Beendigung einer Nähe, die zwar intensiv ist, aber durch das Fehlen des Blickkontakts quasi apersonal. Es ist interessant zu sehen, welche Formen der Aufspaltung sich einstellen: Für manche ist mein Rücken zunächst nur haltgebend, fast ohne Bezug zu mir als konturierter Person; andere können den personalen Bezug gut halten und zu mir sprechen; wieder andere signalisieren: »Ich möchte Sie gleichzeitig sehen, spüren und mit Ihnen sprechen.« Einige müssen die Berührungsdichte lokkern, wenn sie sprechen wollen; wieder andere sagen: »Es reicht, ich möchte mich aufsetzen.«

Eine ganze Landschaft von frühen Berührungsformen, Beziehungsfragmenten, Angstmomenten und Trauerpassagen taucht auf, ebenso Formen der Abwehr und begrabene Wünsche vor allem – in diesem Kontext – nach Unterstützung, Rückhalt, Anlehnung und wachsamer Fürsorge.

Die Vergrößerung der Berührungsfläche

Repräsentiert der Rücken des Therapeuten am Rücken des Patienten eher väterlichen Halt, so ändert sich das, wenn die weiche Vorderseite des Patienten ins Spiel kommt. Manche – eher depressive – Patienten fragen, wenn sie sich auf den Rücken gedreht haben und oft mit großen Augen nach dem Gesicht des Therapeuten schauen, ob sie sich weiterdrehen und mit ihrer Vorderseite den Rücken des Therapeuten berühren dürfen. Stimmt man zu, so kommt es zu einer zumeist scheuen Annäherung, bis die weiche Bauchdecke am Rücken angelangt ist. Das erfordert gelegentlich Ermutigung. Spontan kommt es zu einer Krümmung des ganzen Körpers, also der Andeutung eines Halbkreises um den Therapeuten herum, wobei man eine besondere Scheu bei der Berührung des Rückens mit dem Becken bemerkt. Die Genitalien verschwinden im Hüftknick, sie werden sozusagen versteckt. Die Standardfrage: »Was passiert?« oder »Wie erleben Sie diese Annäherung?« führt zu neuem Material und hat Einfluß auf das weitere Tempo der Annäherung. Meist kommt es zu einem aufatmenden Ausruhen. Entwicklungspsychologisch ist diese Lage mit der Position verknüpft, in der die Mutter das Baby gegen ihre Brust und Schulter hält, so daß die ganze Vorderseite des Kindes mit ihrem Körper Kontakt hat. Der kleine Kopf ruht dann meist in ihrer Halskuhle. Instinktiv schieben sich die meisten Patienten Kissen so unter ihren Kopf, daß dieser bequem aufliegt und die leichte Krümmung des ganzen Körpers abrundet. Wie spielerisch suchend wandert gelegentlich der freie Arm den Rücken des Therapeuten hoch, ohne noch konkret zuzufassen, so als würde er nur erforschen wollen, mit welch unbekannter großer Gestalt er es zu tun hat.

Als der passendste Ausdruck für die tiefe Ruhe, die meist die Folge ist, hat sich für mich immer wieder der von Margret Mahler verwendete Begriff des »Auftankens« erwiesen. Sie verlagert ihn allerdings in eine viel spätere Entwicklungsstufe, bei der das Kind, das in die Welt hinausstrebt, immer wieder den Weg zurück zur Mutter findet, um neue Kraft für die nächste Exkursion zu schöpfen. Bei der hier beschriebenen Form des Auftankens, die nicht nur ein partielles Nachholen in der Regression bedeutet (die Transaktions-Analyse spricht von »Nachnähren«), sondern ebenso eine vertiefte Erholung von psychischer Erschöpfung, handelt es sich auch um ein Kraft-Tanken für die unweigerlich bevorstehenden Konflikte. Sie stellt eine Vergewisserung der Beziehung dar, die ja bald wieder kräftigen Stürmen ausgesetzt sein kann. Aber wie bei früheren Positionen lädt der Patient vorübergehend auch ein gewisses Maß an Konfliktspannung im Therapeuten ab, im erweiterten Container nicht nur seiner Seele, sondern in dessen Körperselbst. Ich weiß, daß diese Trennung künstlich ist, aber es macht einen deutlichen Unterschied, ob eine Spannung oder eine Verzweiflung im vorwiegend nur sprachlich erreichbaren Container des unsichtbaren Analytikers deponiert werden muß oder ob sie sozusagen durch Haut und Muskel quasi koenästhetisch abgegeben werden kann. Nach meiner Erfahrung, und dies ist ein ganz zentraler Satz für die Körperpsychotherapie, verringern sich der Gebrauch und vor allem das Ausmaß von projektiver Identifikation durch die Einbeziehung des Körpers drastisch. Denn projektive Identifikation ist letzten Endes eine mühsam gelernte Verzweiflungsmaßnahme des Kindes (oder des Patienten), das, aus welchen Gründen auch immer, an der natürlichen Einflußnahme auf Mutter oder Vater und an gesunder Wechselseitigkeit gehindert wurde und das die subtilen Formen des seelischen Eindringens und Manipulierens entwickelt, um doch noch Einfluß und Nähe zu gewinnen.

Die eben beschriebene Position erlaubt ein hohes Maß an regressivem Eintauchen in eine leibseelische Symbiose und Verschmelzung. Der Therapeut hat eine ganze Weile nichts anderes zu tun als dazusein. Er kann seinen eigenen Gedanken nachhängen und darf durchaus das genießen, was ich an anderem Ort als »organismische Versorgung« bezeichnet habe. Er bekommt ein Stück unerotisierter Berührung und Wärme von den Patienten zurück. Man darf sicher sein, daß bei dieser Form von Regression die Patienten selbst es als eine Störung erleben würden, nicht nur, wenn ein Übergriff vom Therapeuten käme, sondern wenn sie von der eigenen Sexualisierung überrascht würden. Länger als eine halbe Stunde bin ich aber nie in dieser Mutter-Baby-Position gesessen; wenn ich damit eher zu Anfang der Stunde beginne, dann will der Patient in der Regel eine Veränderung. Hat man später begonnen, dann kann der Therapeut sich oft nur auf seine Intuition verlassen, wie und wann er den Wiederausstieg aus dieser Verschmelzung und Geborgenheit gestaltet. In der Regel ist das nahende Stundenende die notwendige Grenze. Es ist dem Patienten gegenüber nur fair, dieses Ende rechtzeitig anzukündigen, weil sein Zeitgefühl verlorengehen kann und weil der Körper in einen ganz anderen Tonus übergegangen ist und erst zurückfinden muß zur Fähigkeit, aufzustehen und wegzugehen.

Die breitflächige Berührung des Therapeuten mit dem Bauch fördert, wie gesagt, Gefühle früher Verschmelzung, von Ruhe und Geborgenheit. Die Gegenbewegung hin zu Autonomie und erneuter Konturierung durch deutlich gefühlte Körpergrenzen läßt sich am besten einleiten etwa durch folgende Einladung: »Sie können einmal versuchen, mehr Druck in die Berührung zu geben. Das geht am leichtesten, wenn Sie mit Ihren Händen meine Knie umfassen und sich stärker an meinen Rücken heranziehen.« Das gelingt nicht immer sofort, aber sehr bald spürt man, mit wieviel Energie der enge Kontakt gesucht wird, wenn die Widerstände erst einmal überwunden sind. Die kraftvolle Annäherung löst einen kleinen Schub von Vertrauen aus. Der Patient kann aus eigener Initiative zwischen vorsichtigem Anschmiegen und dem Ausüben von kräftigem Druck wechseln. Er betritt ein nie begangenes Gelände der Nähe, das mit vielen symbolischen Bedeutungen aufgeladen ist. Das Wichtigste erscheint mir das Experimentieren mit Nähe und Distanzierung, das Pendeln zwischen Angst und vorsichtig erwachender Freude, zwischen Verschmelzung und erneuter Konturierung.

Die »fleischfressende Pflanze«

Wenn ich das Gefühl habe, der Wunsch nach Nähe könnte etwas mit »Fressen-Wollen« zu tun haben, dann erkläre ich dem Patienten, was ich unter der »fleischfressenden Pflanze« verstehe, einer Interaktion, die mit einer maximalen Berührungsfläche und dem größtmöglichen Druck einhergeht, der in der Verschmelzung zu den klarsten Körpergrenzen führt und das Gefühl für die Eigenständigkeit des Selbst auch in einer frühen Verflechtung fördert. Alle Kinder, unabhängig von der Altersstufe, suchen in den vielfältigsten Varianten diese Mischung aus großer Nähe und deutlicher Konturierung, aus nahem Zusammensein und gleichzeitiger Abgrenzung. Bei vielen unserer Patienten finden sich im Körperschema Lücken und bei den interaktionellen Modellszenen erhebliche Ausfälle. Es fehlen also auch die entsprechenden Internalisierungen vieler Kontaktformen mit der damit verbundenen leibseelischen »Unkenntnis« der »bedeutungsvollen Anderen«. Das führt zu Unbeholfenheit und Scheu in den Beziehungen und zu sozialer Ängstlichkeit oder Empathiemängeln. Natürlich ist es Aufgabe des Therapeuten, darauf zu achten, wie er die Internalisierung der neuen Erfahrungen fördern kann, damit sie nicht bloße Entschädigungen oder eben »Übungen« bleiben. Deshalb ist es so wichtig, sie in Übertragung und Gegenübertragung zu verankern und jede neue Erfahrung auf ihre regressive und progressive Bedeutung hin zu untersuchen. Für manche Patienten ist der Therapeut, wie in vielen Therapieformen, ein absolut neues Objekt, auch wenn er mit vielen Übertragungen umhüllt wird. Bei anderen Patienten steht weniger das Neulernen als das Umlernen von Interaktionen im Vordergrund, neben dem zentralen Umgang mit den unbewußten Phantasien oder den frühen, nie verbalisierten sensomotorischen Interaktionsformen als Vorstufen möglicher Phantasietätigkeit, in die alles eingebettet ist und die immer wieder herausgearbeitet werden muß. Über diesen rein analytischen Teil der Arbeit berichte ich hier nicht, weil er für mich als Analytiker selbstverständlich ist.

Zurück zur »fleischfressenden Pflanze«. Die Einladung lautet: »Ziehen Sie Ihre Beine so an, daß sie meine Beine kraftvoll berühren, so daß Sie mich mit Armen und Bauch und Beinen wie in einem geschlossenen Halbkreis umgeben, und spannen Sie alles so an, als wollten Sie mich einschließen oder in sich aufnehmen oder verspeisen.« Das ergibt meistens ein großes, kämpferisches Hallo, unterbrochen von scheu fragenden Sätzen wie: »Darf ich wirklich fest zudrücken?« oder »Zerdrücke ich Sie nicht?«, womit man wieder bei den Ängsten vor der eigenen Kraft, den Ängsten vor Destruktion und den Größenphantasien über die eigene Macht ist, aber auch den Ängsten vor der Gewalt und Größe der eigenen Liebe. Denn in diesem Drücken äußert sich auch viel gebremste und unterdrückte Zuneigung, die, wenn sie ihr Ziel nicht fand, in den seltsamsten Zersetzungsformen im seelischen Untergrund haust. Bei vielen Kindern wird diese dann leider von Menschen aufgespürt, die zum Mißbrauch neigen. Insofern sind viele körpertherapeutische Interaktionen auch Hilfen bei der Entwirrung der Gefühle und der deutlichen Unterscheidung zwischen authentischen Gefühlen des Kindes, den fehlinterpretierenden Erwachsenengefühlen und der Sexualisierung von Wünschen nach körperlicher Nähe und Beachtung. So bewirkt analytische Körperpsychotherapie eine psychosomatische Aufklärung der Gefährdung durch ein wie immer induziertes falsches Selbst und eine Immunisierung gegen Mißbrauch, indem die verschiedenen seelischen Ebenen entflochten werden.

Das Umklammern des Therapeuten

Das Gefühl der Geborgenheit bei dieser intensiven Berührung läßt sich noch erhöhen, wenn man den Arm um die Schultern des Patienten legt. Die Spanne der Möglichkeiten reicht von einem einfachen Auflegen der Hand bis zu einem festen Umklammern, indem die Hand des Therapeuten sich um die unten liegende Schulter des Patienten legt, sich also zwischen Couch und Schulter schiebt, wodurch der Arm einen Halbring um den ganzen Rücken bildet. Dies wird als Geborgenheit und stark spürbarer Halt erlebt, wobei sich nach längerem Auftanken eine Autonomiebestrebung regen kann und die obere Schulter mit dem umschließenden Arm zu kämpfen beginnt. Oft muß man dazu anregen, weil es für viele Patienten so außerhalb jeder Phantasie liegt, daß man innerhalb einer liebevollen Umklammerung kämpfen darf, ohne fürchten zu müssen, den Kontakt zu verlieren.

Ähnliches gilt für eine andere Erweiterung der Umklammerung, wenn man nämlich den Patienten einlädt, sein oben liegendes Knie über unser Knie zu schlagen, um beim Ausüben von Druck eine Art Widerlager zu haben. Er kann sich so mit der Kraft der Arme wie des Beines noch stärker zu einem Halbkreis zusammenziehen und das »Auffressen« mit großer Kraft vollziehen. Es ist nämlich bei einer Reihe von Interaktionen hilfreich, ja nötig, sie mit größtmöglicher Anstrengung zu vollziehen, weil nur so die destruktiven Größenphantasien eine Grenze an der Realität finden oder an ihr überprüft werden können und weil sich der Therapeut für manche Patienten nur so von einem Phantom in eine Person aus Fleisch und Blut verwandelt. Das ist natürlich ein kühner Satz; diese Art der Überprüfung ist längst nicht für alle Patienten erforderlich, und der Phantomcharakter des Analytikers ist selbstverständlich auch nur partiell zu verstehen. Aber es gibt genug Patienten, deren Abwehr gerade in der teilweisen Entwirklichung des Analytikers besteht, und die ist auf der klassischen Couch oft gar nicht zu bemerken, außer durch ein diffuses Gefühl von Stagnation und Leere. Denn auch Affekte lassen sich derealisieren. Die Körperpsychotherapie ist kein Allheilmittel; aber der Patient wird auf eine sehr lebendige Weise darauf hingewiesen, wenn er Teile seines Körpers, seiner Sensibilität, seiner Bewegungsimpulse und, als Folge davon, Teile seiner Affektwelt totgestellt hat.

Eine Simulation des Tragens

Bei manchen Patienten kann man die liegende Halbkreisposition weiter ins Passive, Frühkindliche verwandeln, indem man, nach ausdrücklicher Anfrage, zusätzlich zu dem um die Schultern gelegten Arm den anderen Arm unter den Kniekehlen durchschiebt. Die Frage ist hier besonders wichtig, weil der Arm unter den Kniekehlen eines erwachsenen Menschen erotisierend wirken könnte. Der Patient soll die Möglichkeit haben, diese Berührung im Vorausphantasieren zu durchdenken und zu einem »screening« zu kommen, also zu prüfen, ob das Unbewußte mit beunruhigenden Impulsen reagiert. Nicht alle derartigen Impulse werden sofort bemerkt. Manchmal kommen Einfälle, Ängste, Abwehrformen, Wünsche, Erinnerungen erst Tage oder Wochen oder Monate danach. Trotzdem bleibt diese Vorüberprüfung in der Phantasie meist ergiebig; sie kann natürlich dazu führen, daß man diese Interaktion ausläßt oder aufschiebt oder daß man erst über Gefühle und Erinnerungen spricht.

Wenn sie aber zugelassen oder sogar als neue Erfahrung gewünscht wird, macht man eine erstaunliche Entdeckung: Der Patient erlebt die Berührung wie ein Getragenwerden. Übersetzt in die Bilder des Umgangs mit kleinen Kindern heißt das: Die Arme der Mutter oder des Vaters umfassen beim Tragen Schultern und Kniekehlen. Wichtig ist, daß der Kopf des Patienten so hoch gebettet ist, daß die Halswirbelsäule gerade liegt. So können die Patienten über längere Zeit verharren und eine tiefe Ruhe und Geborgenheit genießen. Es kommen Fragen, ob man es noch aushält, die mit der eigenen körperlichen Realität des Therapeuten nicht viel zu tun haben, weil man ziemlich bequem sitzen kann. Es sind Übertragungsanfragen, weil in vielen Kinderohren unwillige Sätze nachklingen wie: »Ach, du bist mir viel zu schwer, ich kann nicht mehr.« Die konkrete wie die symbolische Bedeutung liegen auf der Hand, sie kommen einander zu Hilfe bei der Deutung der Interaktion.

Anfangs war ich, obwohl ich die Interaktion als Seminarteilnehmer selbst als »tragend« erlebt hatte, etwas ängstlich, ob die Hand unter den Kniekehlen und das Umfassen der Oberschenkel nicht zu einer ungebührlichen Sexualisierung, sei es von mir, sei es vom Patienten, führen könnten. Natürlich achte ich auf einen Zustand der Regressionsbereitschaft beim Patienten und auf meinen sicheren affektiven Aggregatzustand im »Elternkörper«, bevor ich an eine solche Interaktion gehe. Es festigten sich aber die Erfahrung wie die Überzeugung, daß der Patient – eine gewisse Erfahrung mit dem Setting vorausgesetzt – ein sicheres Gespür, ja eine Zuneigung zum inneren Kind entwickelt, das dieses neue Arbeitsbündnis um keinen Preis für ein erotisches Abenteuer oder die Illusion einer sexuellen Erfüllung hergeben würde. Jedenfalls ist mir eine direkte oder gar bedrohliche Versuchung zum Handeln bei einer Patientin, trotz einer gelegentlich erotisch aufgeladenen Atmosphäre, nie vorgekommen. Die eigene Gelassenheit und die Sicherheit, daß ich nicht übergriffig reagieren werde, stecken die Patienten an, und es wächst das Vertrauen in die gutartige Regression auf die passende Ebene des Konflikts oder auf die präkonfliktuöse oder prätraumatische Ebene, in der Kraft geschöpft wird für die erneute Arbeit.

Manchmal ist auch die Versicherung wichtig: »Selbst wenn Sie erotische Gefühle spüren und sie zeigen, ich werde nicht auf der gleichen Ebene reagieren; und wenn ich erotische Gefühle bekomme, werde ich sie nicht hier begehrend in die Tat umsetzen, sondern sie bei mir behalten und als Zeichen fruchtbarer Zusammenarbeit verstehen.« Das wirkt sehr beruhigend. Man darf eine Erotisierung beim Patienten manchmal auch spüren und sie trotzdem »übersehen«. Es handelt sich oft um die normalen »Anfragen« aus dem Körper von Kindern, auch Pubertierenden, ob diese Gefühle sein dürfen, ob sie »schlimm« sind oder ob sie stören; ob sie unziemlich thematisiert oder gar mißbraucht werden. Und auch für die eigenen erotischen Gefühle darf man offen sein, nicht jedoch sie ausagieren.

Ist man für die tiefere Gegenübertragung offen, dann spürt man unter einer möglichen Erotisierung den Wunsch nach Sicherheit, und mir scheint, daß die Fälle von Mißbrauch in den Psychotherapien aus einem Verlust des Kontakts zur eigenen Gegenübertragung beim Therapeuten herrühren.

Beschränkung auf frühe Störungen?

Manchmal ist der analytischen Körpertherapie vorgeworfen worden, sie beschränke ihre Interventionsmöglichkeiten auf frühe Störungen. Und in der Tat ist in den Schriften zur Begründung und Rechtfertigung der neuen therapeutischen Möglichkeiten ein diagnostisches und behandlungstechnisches Vokabular verwendet worden, das diesen Schluß zuläßt. Es schien leichter, den in desolatem Zustand befindlichen Säugling oder das Kleinkind im Patienten aufzufinden und sich zu ihm zu verhalten als zum reiferen Kind, zum Pubertierenden oder zum Erwachsenen. Das hat sich inzwischen geändert, und es ist zum Teil das Verdienst von Gisela Worm, die immer wieder darauf verwiesen und durch Fallbeispiele untermauert hat, daß körpertherapeutische Unterstützung im Grunde bei der Beschäftigung mit allen

Entwicklungsstufen des Menschen und ihrem etwaigen Scheitern beim einzelnen Patienten sinnvoll ist. Mir selbst ist es inzwischen wichtig, keinen Patienten zu entlassen, mit dem nicht die Stürme des Abschieds von den Eltern durchgearbeitet sind. Deshalb zum Thema Pubertät und mißbrauchende Vaterbeziehung ein kleines Fallbeispiel.

Das sexualisierte Bein

Eine zunächst etwas schlüpfrig anmutende Szene ist mir sehr in Erinnerung geblieben. Ich hatte von einer Patientin, die mit einer Reihe von Berührungsformen vertraut war (sie ist im Kapitel »Lolita« des *Stundenbuchs* beschrieben), die Erlaubnis, mit meinem Arm unter ihren Kniekehlen durchzufahren. Dabei berührte ich mit der offenen linken Hand ihren Oberschenkel direkt über dem Knie. Sie zuckte zusammen und sagte, das gehe nicht, diese Stelle sei, was sie überrasche, so sexualisiert, daß sie mich fast angeschrien hätte. Beim anderen Bein war dies nicht im geringsten der Fall. Wir fanden heraus, daß das sexualisierte Bein dasjenige war, auf dem die (grapschende) Hand des sehr übergriffigen Vaters regelmäßig gelegen hatte, wenn er sie bis in die frühe Pubertät hinein nötigte, viel länger, als sie es wollte, auf seinem Schoß zu sitzen. Die Episode erbrachte einigen Stoff für die Aufarbeitung ihrer Vaterbeziehung, der sexualisierten Engramme auf dem Oberschenkel, der Ambivalenz, die Nähe zu ihm durch den erotisierenden Übergriff quasi bezahlen zu müssen.

Ich notiere diesen fruchtbaren kleinen »Unfall« nicht zuletzt deswegen, um zu zeigen, daß bei einer klaren und gelassenen Einstellung des Therapeuten auch Situationen, die ohne das Vertrauen auf ein tragfähiges Arbeitsbündnis vielleicht wie eine Entgleisung anmuten würden, eine ergiebige Quelle für ein fruchtbares Durcharbeiten sein können. Es hängt viel davon ab, mit welchen Worten der Therapeut einen Rahmen schafft zum Erleben wie zum Verständnis einer solchen Szene. Obwohl ich mich nicht mehr an meine genauen Worte erinnere, bin ich sicher, daß ich etwa sagte: »Da sind wir ja auf einen interessanten Zusammenhang gestoßen« oder: »Ohne die Berührung hätten wir diesen Beziehungsaspekt vielleicht nie entdeckt«, möglicherweise verbunden mit einer Entschuldigung: »Es tut mir leid, wenn ich Sie erschreckt habe mit meiner Berührung.« Dabei wollte die Patientin die Szene trotz des Erschreckens nicht mehr ungeschehen machen. Sie meinte vielmehr, eine ungute Bindung an den Vater sei ihr zwar bewußt, aber nichts über ihre körperliche Form und das Maß an Energie, das sie zur ihrer Abwehr dauernd brauche.

Die Wiedereroberung von Autonomie und Abgrenzung

Ich komme noch einmal auf die »fleischfressende Pflanze« zurück, die ja in einer bestimmten Phase eine tiefe Regression und frühe Verschmelzung mit dem Therapeuten erlaubt, wenn ein großer Teil der Körperoberfläche des Patienten mit dem Körper des Therapeuten in Kontakt ist. Für diese Phase gibt es eine spätestens gegen Ende der Stunde, aber auch schon früher einzusetzende Form, die regressive Verschmelzung durch eine elementare Streckbewegung wieder zu beenden. Sie ist entwicklungspsychologisch und -physiologisch dem Stadium entnommen, in dem sich das kleine Kind, von der Mutter im Stehen auf dem Schoß gehalten, in einem Bogen nach hinten wirft, als ob es sich entfernen wollte, aber in vollem Vertrauen darauf, daß es auch in der Wegbewegung gehalten wird. Die Handlung betont die Kraft und den Eigenwillen des Selbst, die Muskulatur sperrt sich gegen das Gehaltenwerden, obwohl das Kind von einem stabilen Bewegungsdialog vollkommen überzeugt scheint. Es handelt sich um eine frühe und in ihrer Wucht auch imponierende Autonomiebewegung.

Wenn man an diesen frühen partiellen Austrittsversuch aus der Symbiose anknüpfen will, so schlägt man dem Patienten vor, noch einmal in der »weichen« Form die Lust am Anschmiegen um den Therapeuten herum zu erleben und den Halbkreis so eng wie möglich zu ziehen. Dann umfaßt man, wie bereits beschrieben, mit dem einen Arm seine Schultern, mit dem andern die Kniekehlen und legt ihm nahe, den Körper in die entgegengesetzte Richtung durchzubiegen. Der Gegenhalt erfordert vom Therapeuten viel Kraft; jeder wird erstaunt sein, mit wieviel Energie diese Streckübung vollzogen wird. Nur mit großer Anstrengung kann man selbst solche Patienten halten, deren Körpergewicht viel geringer ist als das eigene. Es kommt aber in diesem Fall nicht auf den sicheren Widerstand gegen die Kraft des Patienten an, sondern nur auf einen spürbaren Gegendruck. Denn er wird in den meisten Fällen siegen, ohne doch das Gefühl eines überschießenden Triumphs zu haben. Wichtig ist das Erleben, sich zu befreien. Trotzdem muß der Therapeut bereit sein, sozusagen freudig zu unterliegen. Manche Patienten wollen diese elementare Autonomieübung einige Male wiederholen, weil die Freude an der erfolgreichen Gegenbewegung gegen die eigenen symbiotischen Neigungen, die zum Teil auch auf die haltenden Arme projiziert werden, zunächst nicht enden will. Das Wichtige daran ist, daß die Autonomie erkämpft werden kann, ohne daß der Körperkontakt abreißt. Es empfiehlt sich sogar, die kraftvollen Bewegungen durch anerkennende Laute zu begleiten, die auszustoßen nicht schwer ist, weil man durch die gemeinsame Kraftanstrengung und Freude angesteckt wird, den Sieg des Patienten verbal zu begleiten.

»Abrahams Schoß«

Eine Position vollkommener Geborgenheit bei stark haltgebender Berührung erlaubt folgende Einladung, die eine gewisse Vertrautheit mit dem Patienten voraussetzt: Die Höhe meines Sessels entspricht der der Couch. Ich drehe meinen Sessel auf der Schmalseite so zur Couch, daß meine Knie sie berühren. Dann lege ich zwei Kissen hin, so daß sie einerseits eine Brücke zwischen Couch und Sessel bilden, andererseits meine Genitalien bedecken. Nachdem ich dies angekündigt habe, schaut der Patient meinen vorbereitenden Aktivitäten neugierig, erfreut oder auch, wenn es das erste Mal ist, ein wenig beklommen zu. Ich ermuntere ihn nun, sich mit dem Rücken auf die Couch zu legen und langsam so in meine Richtung zu rücken, daß er den Kopf gegen meinen Bauch lehnen kann. Meist kommt es, wie schon bei früheren Anlässen, zu unbeholfenen Orientierungsfragen, die einerseits eine leichte Verzögerung bewirken, andererseits tatsächlich eine gewisse Verwirrung ausdrücken, weil auf dem Weg in »Abrahams Schoß« Schwellen des Zögerns, der Verwunderung und auch der Angst liegen. Insofern gehören die kleinen Bewegungen und das Innehalten auf der Strecke zu der gesamten Interaktion; und diese muß gar nicht beim ersten Versuch zum Ziel führen, sondern kann auch in ihren verschiedenen Etappen Stoff bieten für das Durcharbeiten von Konflikten und Erinnerungen an gute oder mißglückte oder verbotene Annäherungen ähnlicher Art bei den Eltern.

Der Patient dringt in den Nahraum des Therapeuten ein und überläßt diesem als einer »haltgebenden Unterlage« seinen Oberkörper. Insofern bedeutet bereits die Annäherung das Durchlaufen eines Raumes zwischen Mißtrauen und Vertrauen, Nähe und prüfendem Verharren. In der Gegenübertragung erlebt der Therapeut diese starken seelischen und körperlichen Schwankungen mit. Wenn er mit der Interaktion noch nicht sehr vertraut ist, muß er dem Zögern gegenüber eine gewisse Geduld aufbringen, weil er vor allem das Bild des »Ankommens« im Auge hat, also eher das Ziel als den Weg. Diese Ungeduld verliert sich, wenn er sich klar macht, auf welch neuen und riskanten Weg der Patient sich begibt. Für den Patienten gibt es viel frühere Stufen des »Ankommens«, und manche möchten sich auf halbem Weg ausruhen. Es gilt, den feinen Unterschied zwischen Puschen und Manipulation einerseits und offener Ermunterung andererseits herauszufinden. Anders als von in Körpertherapie unerfahrenen Analytikern angenommen, entwickeln die Patienten auf der Körperebene viel rascher als auf der rein psychischen Ebene ein Gefühl für ihre Möglichkeiten und Grenzen, für ihre Autonomie und für den »Schritt zuviel«, vor allem dann, wenn das ständige Training hinsichtlich der Wahrnehmung der Körpergefühle und -impulse allmählich Wirkung zeigt.

Natürlich könnte man in jedem Fall abwarten und von weiterer Ermutigung absehen; dann würde das Experiment auf halbem Wege stehenbleiben und zwar durchaus viel Stoff zur Interpretation bieten. Aber der Patient würde von sich aus nicht weitergehen, selbst wenn er verbal verstanden hat, daß er sich hocharbeiten kann, bis sein Kopf an der Brust des Therapeuten ruht.

Vielleicht läßt sich hier ein fundamentaler Unterschied zur reinen Couchanalyse festmachen: Die aktive Ermutigung zu neuen, ungewohnten und konflikthaften Schritten des eingeschüchterten Selbst gehört für mich zur analytischen Körperpsychotherapie dazu. Das mag Vertreter der rein abwartenden neutralen Haltung zunächst schockieren: Ich bin mir aber mit anderen analytischen Körpertherapeuten darin einig, daß die »Verführung zum Leben« dazugehört, wohlgemerkt zu einem Leben in regressiven Interaktionen, aus denen es immer wieder gilt, die Rückkehr zum

Erwachsensein zu finden, die meist über eine der Regression angemessene Progression als Gegenbewegung verläuft.

Wenn der Patient einmal liegt, bildet der Körper des Therapeuten eine Schale, bei der seine Arme seitlich einen zusätzlichen Halt bieten. Die Wirkung ist meist ein Aufstöhnen, eine Vertiefung der Atmung, ein Erschlaffen der Muskulatur, kurz, ein Zustand, den ich mit Erlebnisformen von Erschöpfung, Hingabe, Zuflucht, frühem Urvertrauen verbinde; ein Zustand, der ein starkes leibseelisches Auftanken beinhaltet.

Nach diesem Auftanken gibt es, neben wenigen Worten, kleine Zeichen von Handlungsimpulsen, entweder in den Füßen, den Beinen, den Händen, vorsichtige Kopfbewegungen oder fast minimale Spuren von Räkeln. Das deutet an, daß Lebensbewegungen zurückkehren, die unter Umständen vom Patienten noch gar nicht wahrgenommen werden und doch schon anzeigen, daß die Zeit der reinen Passivität und symbiotischen Regression zu Ende geht. Man kann auf diese Zeichen aufmerksam machen, man kann sie durch eigene kleine Bewegungen beantworten und ihnen dadurch einen interaktionellen Sinn anbieten. Oft ist dabei ein Freude bereitendes Ertapptsein die Folge, wiederum mit zwei (oder mehr) Ausgängen: ein verstärktes neues Antworten oder ein zunächst eingeschüchtertes oder erstauntes Innehalten. Die Patienten freuen sich, wenn man ihnen aus der Regression wieder heraushilft (auch wenn der Teil, der in ihr verbleiben möchte, zunächst murrt), und reagieren mit einem Rütteln an den Händen des Therapeuten, einem verstärkten Druck mit dem Kopf, einem langsamen Rückzug auf die Couch, einem Strampeln mit den Beinen usw.

Man kann die ganze Interaktion mit einem Fest der Kooperation beenden, indem man den Patienten einlädt, sich wieder auf die Couch zu legen, so weit entfernt, daß sich beide nur mit gestreckten Armen bei den Händen fassen können. Dann lautet die Aufgabe: »Ziehen Sie sich mit der Kraft Ihrer Arme und mit Schwung in eben die Position hoch, die Sie gerade eingenommen hatten.« Diese Aufforderung löst Erstaunen aus; zunächst klappt die Bewegung höchstens bis zur Hälfte der Strecke. Aber wenn das Prinzip begriffen und die Erlaubnis verstanden ist, kommen Freude und Ehrgeiz auf, den Weg tatsächlich »in einem Rutsch« zurückzulegen, und beide sind verbunden in einem ganz neuen passageren Arbeitsbündnis, das Freude, Jubel, Körperkraft und den Mut zum gemeinsamen Blödsinn mit einschließt. So wie viele Analytiker den Wert des symbolischen, also verbalen Humors in der Therapie als entkrampfend, aber auch der Ichstärkung dienend betonen, so handelt es sich hier um einen Humor der körperlichen Interaktion, der als Modellszene ebenfalls eine hochsymbolische Bedeutung beinhaltet. Sie kann mit der Zeit internalisiert werden, und es kann auf sie auch als positive Erinnerung zurückgegriffen werden, wenn der Prozeß einmal unterzugehen droht in Kränkung oder totaler Entmutigung.

Noch einmal Anklammerung

Für das Kleinkind in Angst und Panik gibt es eine dominante Form der Suche nach Zuflucht, Schutz und Bergung: sich an der Mutter, später auch am Vater festzuhalten und anzuklammern, wenn irgend möglich mit der Vorderseite, was ein Maximum an Kontaktfläche mit sich bringt, und von den schützenden Armen der Mutter umfaßt. Auch diese Modellszene wird verinnerlicht als ein Bild: »Zuflucht in Panik; wenn ich außer mir bin, ist jemand da, der mich hält.«

Es ist immer wieder vorgekommen, daß bei bestimmten Formen von Panik und Verlorenheit andere Arten des Haltens nicht auszureichen scheinen, zumindest nicht für eine gewisse Zeit. Die folgende Form der Interaktion, die die für das Kleinkind dominante »Zuflucht« am besten symbolisch simuliert, erfordert eine große Vertrautheit mit dem eigenen Elternkörper, weil sie dem Patienten einen weitgehenden Zutritt in unseren intimen Nahraum gestattet. Sie mag nicht jedem Körpertherapeuten liegen, und man möchte sie vielleicht nicht mit jedem Patienten, der ihrer bedürfte, realisieren, ohne daß dies schon eine physische oder gar psychische Zurückweisung bedeuten müßte. Auch würden sich längst nicht alle Patienten darauf einlassen. Die meisten brauchen sie auch nicht, aber mir schien sie wie gesagt in wenigen Fällen dringlich geboten, weil mir die Panik übermächtig vorkam und durch das Halten der Hand oder ein Halten des Kopfes nicht zu beruhigen war. Der diagnostische Hintergrund ist sicherlich, neben den realen oder neurotischen Gründen zur Panik, eine enorme Ichschwäche, aufgrund derer ein Zerspringen der Persönlichkeit gefürchtet wird. Man muß sich also entschließen, um ein zerbrechliches und durch Angst bedrohtes Ich herum einen Ring zu bilden, bei gleichzeitig angebotener großer Kontaktfläche, durch die, bildlich gesprochen, ein Teil der Panik in den mütterlichen oder väterlichen Container abfließen kann.

Das Arrangement ist das gleiche wie bei »Abrahams Schoß«, nur daß der Patient auf dem Bauch liegt und sich über die Kissen im Schoß des Therapeuten hochschiebt, bis sein Kopf auf dessen Brust aufliegt. Die Kissen sorgen hier neben ihren bereits erwähnten anderen Funktionen dafür, daß der Krümmungswinkel für das hohle Kreuz des Patienten nicht zu schmerzhaft wird. Bei meinem Sessel ist es nun möglich, daß der Patient die Arme um mich schlingen und sich an mir festklammern kann, ebenso wie meine Arme auf seinem Rücken ruhen. Dieses Anklammern nimmt meist zwei Formen an: einmal völlig erschlafft, als hätte er sich aufgegeben oder alle Lebenskraft verbraucht; zum anderen mit verzweifelter Kraft ausgeführt, als klammere sich ein

Schiffbrüchiger an einen Baum, den er gerade noch am rettenden Strand erreicht hätte. Die Berührung von Brust zu Brust ist intensiv, der Atem oft stoßweise. Über den Bauch werden Wärme und Beruhigung ausgetauscht, aber die wichtigste Funktion haben die haltenden Arme, die ein Schutzschild in Form eines Ringes bilden und die dem Atmenden ein empathisches Mitgehen mitten im Sturm signalisieren können.

Meistens reichen ein paar Minuten. Manchmal spürt man aber auch, daß nach dem Sturm ein Ausruhen in gleicher Lage notwendig ist. Was als Ruhe erscheint, kann aber auch leicht eine stillere Form von Verzweiflung sein, vermischt mit Trauer, daß es diese Form des Halts offensichtlich nicht oder nicht ausreichend gegeben hat. Man hat es therapeutisch mit einem Strukturmangel zu tun: Wichtige Haltefunktionen sind nicht ausreichend verinnerlicht oder sind Fragment geblieben, oder aber der Patient hat nur angstbesetzte Vorformen erfahren. Dadurch dient diese Form der therapeutischen Interaktion der basalen Strukturbildung, die allerdings gefördert werden sollte nicht nur durch nachträgliches Durchsprechen, sondern beispielsweise durch die Anregung, eine solche Beziehungsform durch Zeichnen, Malen oder Modellieren zu erfassen, sich immer wieder zu vergegenwärtigen und in Situationen drohender Panik als Erinnerung hervorzuholen.

Der regressionsfördernde Charakter der Interaktion wird noch dadurch verstärkt, daß die Beine wie erschlafft auf der Couch liegen. Manchmal stammelt ein Patient noch, man solle mit einer Hand den Kopf halten oder den Ring um den Rücken enger machen.

Auch für diese Interaktion gilt es, eine wieder der Progression zugewandte Beendigung zu finden. Es ist wichtig zu sagen: »Ich habe Ihre Panik gespürt.« Denn mancher befürchtet, man glaube sie ihm nicht; oder er hat brennende Erinnerungen an Spott über das »Getue«.

Hat der Patient zu einem halbwegs ausgeglichenen Gefühlszustand zurückgefunden, so kann man sagen: »Können Sie mich freigeben?« oder, etwas munterer: »Jetzt geht's zurück auf die Couch!« oder ähnliches. Humorvolle Töne können hilfreich sein, die Bereitschaft zum Gelächter ist nach dem großen Gewitter oft durchaus da, ohne daß das Erlebte dadurch bagatellisiert würde.

Ähnlich wie bei »Abrahams Schoß« gibt es die Möglichkeit, das Heraufrutschen von der Couch bis in die richtige Haltehöhe mit gymnastischem Schwung noch ein oder mehrere Male nachzuvollziehen. Der Patient rutscht dabei auf der Couch so weit zurück, daß die beiden Partner sich nur mit gestreckten Armen fassen. Dann ziehen beide, so daß der Patient wie ein Boot, das an Land gezogen wird, mit einem einzigen Schwung die ganze Strecke durchmißt und lachend an der Brust des Therapeuten landet. »So was hätte ich nie für möglich gehalten!«, lautet oft die spontane Belohnung für den Therapeuten, auf die er nicht aus war; aber sie zeigt ihm, daß der Patient unter seiner Anleitung nicht nur ein Stück Schutzfunktion sich zu eigen machen konnte, sondern daß ihm die überstandene Not auch hilft, einen Schritt zu neuer Lebensfreude zu riskieren.

Den Kopf in den Schoß legen

Eine andere Form von »Abrahams Schoß« sieht so aus: Der Therapeut setzt sich ans Kopfende der Couch, mit dem Rükken zur Wand, und lädt den Patienten ein, ihm seinen Kopf in den Schoß zu legen. Manche Patienten fragen: »Wie herum?« und deuten damit ein Schwanken zwischen zwei Phantasien an: das Gesicht entweder zum Zimmer oder zum Therapeuten gewandt. Anfangs rate ich in der Regel dazu, das Gesicht vom Therapeuten abzuwenden, eine Lage, die von den meisten auch spontan eingenommen wird, weil sie eine weniger intensive Form der Nähe bietet.

Diese Position kann auch das »Finale« des Kampfes »mit dem Kopf durch die Wand« sein, wo die »Wand«, also der Schoß des Therapeuten, zum Schluß bergend und schützend wird. Der Therapeut wird intuitiv abschätzen, ob es passend ist, ein Kissen auf seine Oberschenkel zu legen, sei es zu seinem Schutz oder zu dem des Patienten. Auf jeden Fall enthält die Geste, vor allem, wenn die Position für den Patienten neu ist, eine klare Botschaft: Sexuelle Stimulation soll nicht stattfinden. Dies wird meist dankbar vermerkt, aber es kommt auch immer wieder vor, daß Patienten leicht gekränkt reagieren und sinngemäß fragen: »Brauchen wir denn diese Schutzvorrichtung noch?« Dabei spielen im Hintergrund Phantasien über die Stimulierbarkeit oder Übergriffigkeit von Eltern, älteren Geschwistern oder Freunden oder auch Erinnerungen an eigene Erregung eine Rolle, also Material für verbale Klärungen. Die leichte Gereiztheit, die aber manchmal auch nur eine klare Bestimmtheit sein kann, signalisiert: »Unser Arbeitsbündnis ist doch so eindeutig, muß denn jedesmal neu demonstriert werden, daß wir ›abstinent‹ sind?« Das vom Therapeuten verwendete Kissen kann also wahrgenommen werden als sein Mißtrauen in sich selbst und in den Patienten, und damit sind wir noch innerhalb einer negativen Übertragung, die schwer überprüft werden kann ohne den Versuch, Wange und Oberschenkel sich berühren zu lassen. Aber sicher muß jeder Therapeut hier seinen für ihn stimmigen Weg herausfinden. Man soll sich nicht von außen oder von innen, vom Patienten oder aus einem kontraphobischen Ideal von Angstfreiheit heraus drängen lassen, weiter zu gehen, als es die eigene Gelassenheit erlaubt.

Hat der Patient erst einmal seinen Kopf abgelegt, stellen sich charakteristische Varianten der Wahrnehmung der Position ein. In der Gegenübertragung löst der Blick auf den Kopf und den meist eingerollten Körper oft den Wunsch nach haltgebendem Schutz aus; man spürt es an der Bereitschaft, dem Patienten die eine Hand auf die Schulter zu legen und sich vorzustellen, die andere auf seinem Kopf ruhen zu lassen. Manche Patienten verharren erst einmal reglos und »prüfen die Lage«. Dieses Abwarten gehört sicher zu der Schicht von frühem Erleben, die mit leichter Gefahr verbunden ist. Bei größerer Gefahr in der Vorgeschichte wäre sicher mit stärkerem Widerstand bei der Einnahme der Position zu rechnen gewesen, oder aber der Therapeut hätte sie aus Warnsignalen in der Gegenübertragung heraus gar nicht erst vorgeschlagen. Es kommt immer darauf an, daß die mit einer neuen Position verbundene Gefahr und Lockung in einem aushaltbaren Verhältnis stehen zwischen mitgeschleppter Angst und beklommener oder schon freudiger Bereitschaft zu neuem Erleben.

Beim reglosen Verharren hilft die Frage: »Was passiert?«, die wieder die prüfende Selbstexploration in Gang setzt. Oder man fragt weiter, ob man die freie Hand auf den Kopf legen dürfe. Die Antwort: »Nein, das wäre zu viel!« ist ebenso wichtig wie die scheue Zustimmung oder gar das Drängen: »Na, machen Sie schon!«, das darauf hinweist, daß der Patient in der Regression und dem halbbewußten Bedürfnis nach Schutz bereits ungeduldig geworden ist.

Eine andere Variante ist das länger andauernde, stille Auskosten der Geborgenheit, das eine neue Form von symbiotischer Nähe mit sich bringt, was der Therapeut auch daran merkt, daß es zu einem unwillkürlichen Angleichen der Atemfrequenz kommt. Wenn sich, oft auf beiden Seiten, die Darmgeräusche der Entspannung melden, fragt der Patient erstaunt: »Waren Sie das oder ich?«, wobei es meistens so ist, daß der Patient seine eigenen Darmgeräusche im Bauch des Therapeuten zu hören meint, eine psychosomatische, frühe Form der Projektion, vielleicht sogar der projektiven Identifikation, weil sich tatsächlich oft die kontrapunktische Antwort aus dem Bauch des Therapeuten meldet. Manche fasziniert dann eher, daß die Herkunft der Geräusche nicht feststellbar ist, also das Spiel mit den akustischen Körpergrenzen zwischen Gleichklang und Differenz; andere genießen das gemeinsame Konzert und erleben es ohne weitere intellektuelle Differenzierungs-Anstrengung als Zeichen einer bisher nicht gekannten Nähe; wieder andere sind zunächst besorgt, was sich hier an unkontrollierbaren Zeichen unbekannter Affekte anbahnt, bis sie sich etwas beruhigen durch die Deutung, daß sich eine innere Anspannung löst und daß der Therapeut dabei mitschwingt.

Die weniger früh-regressive Variante ist diese: In der geschützten Nähe kommen neue sprachliche Mitteilungen zu Themen, die bisher schwer anzugehen waren. Die zutrauliche Intimität, die nicht mit Augenkontakt verbunden sein muß, erlaubt neue Schritte im Vertrauen. Dann liegt der Fokus der Aufmerksamkeit nicht so sehr auf der Berührung, die sozusagen »unbemerkt« als Hintergrund erlebt wird, sondern auf der wie selbstverständlich überschrittenen Schwelle des Zutrauens und den neuen Inhalten, die erstmals verbalisiert werden können.

Bei der Arbeit mit dem Blick kommen noch neue Varianten ins Spiel. Manche riskieren ein scheues Aufschauen und wenden den Blick sofort wieder ab. Das ist auch ein wenig anstrengend, weil der Kopf gedreht werden muß. Ist das Bedürfnis nach Blickkontakt stark, dann fragen sie, ob sie sich auf den Rücken drehen »dürfen«, oder sie tun es einfach. Für andere beginnt in dieser Position eine ganz neue Exploration ihrer Umwelt, und zwar schauen sie ins Zimmer, als würden sie es gerade erst entdecken, ein Anzeichen für eine Regression auf eine Stufe, auf der die Entdeckung der Welt in den Armen der Mutter oder des Vaters oder aber auf deren Schoß liegend wichtig war oder gewesen wäre. Denn die Intensität dieses »Schauen-Dürfens« zeigt an, daß aus dieser Phase etwas nachzuholen oder konflikthaft zu bearbeiten ist. Es kann sich dabei um eine Regression auf das sehr körperlich-exploratorische Schauen handeln, während der Hauptkonflikt möglicherweise auf einer späteren Ebene lag, die Alice Miller im Titel eines ihrer Bücher als »Du sollst nicht merken« charakterisiert hat. Aber die neue Aufmerksamkeit auf den Raum und seine Gegenstände zeigt doch an, daß es einen Zusammenhang zwischen Neugier, der Fähigkeit zur Wahrnehmung und der Art des körperlichen Haltes gibt. Manche Patienten behaupten kühn, ich hätte die Bilder umgehängt, neue Möbel aufgestellt oder die Wände gestrichen. Der Mut zum neuen Schauen ist groß, wie auch der Blick des Therapeuten erstaunt ist über das Ausmaß der früheren Ausblendungen. Man erkennt dabei, daß es meist unbeachtete Raumübertragungen gibt, die die Aufmerksameit auf die Realität einschränken oder verändern und die vom Patienten selten thematisiert werden. Dieses Schauen-Dürfen aus der Geborgenheit im Schoß heraus wird erstaunt und dankbar vermerkt und als reale Kräftigung erfahren, die den Weg zu größerer Autonomie und Wachstum öffnet.

Die Regression kann aber, durchaus im Dienste der Progression, noch weiter gehen. Der Patient fragt, ob er sich ganz zu mir drehen darf, und das bedeutet: Er will von der Welt und von mir als konturierter Person zunächst einmal nichts mehr sehen und wissen, sondern ich bin, wie Michael Balint es ausgedrückt hat, als »Substanz« gebucht. Dann können meine Hände und Arme auf seinem Rücken ruhen, wobei manche sich wünschen, sehr stark umschlossen zu werden. Dabei rückt der Kopf auf meinen Unterarm hoch. Die Augen sind meist geschlossen, sie würden so nah an meinem Bauch auch nicht viel sehen. Aber selbst in dieser symbiotischen Nähe gibt es bei manchen ein sehr lokalisiertes Bedürfnis nach einer Vergewisserung der Nähe durch Bewegung: Sie fragen, ob sie ihr Gesicht an mir reiben dürfen, fangen prüfend mit der Nase an, und wenn die Scheu sich verringert, kommt es gelegentlich zu einem massiven

Reiben des Gesichts am Bauch des Therapeuten. Das bedeutet auch für den Patienten den Sprung in eine neue Form der Nähe, bis er sich durch Erinnerung vergewissert hat, daß dies für kleine Kinder eine wichtige Form ist, die Beziehung zu Vater und Mutter wie die eigene Gesichtsoberfläche, die Gesichtsmuskulatur und damit auch die ganze Gesichtsarchitektur zu überprüfen.

Der Mißbrauchs-Test

Es gibt Patienten, denen die Tatsache vertraut ist, daß sie Opfer eines Mißbrauchs geworden sind. Für viele bleibt dieses Thema aber auch nach Jahren der Therapie im ungewissen: Mehrere Zeichen deuten darauf hin, aber da sind keine Erinnerungen, sondern nur Schulterzucken, Kopfschütteln, Unglauben, das große Vielleicht. Und dann gibt es Patienten, die in einem Klima des Mißbrauchs oder mit einer vorwiegend psychisch mißbrauchenden Person aufgewachsen sind, ohne daß es zu einer manifesten Form gekommen sein muß: zweideutige bis lüsterne Blicke, Anspielungen, Verdächtigungen, scheinbar zufällige oder offen grapschende Berührungen. Auch dies schlägt sich nieder in latenten Erwartungen oder Befürchtungen, oft sehr ambivalent erlebt, wenn Zuneigung und Fürsorge ebenfalls von einer solchen Person ausgingen. Dann war die Zweideutigkeit der Preis für Nähe oder für andere Arten der Zuwendung.*

Natürlich werden diese Phänomene eingehen in die lange Zeit untergründige Übertragung auf den Therapeuten, und dies um so stärker, wenn es sich um eine Patientin und einen

* Ganz ausgezeichnete Kapitel zum analytisch-körpertherapeutischen Umgang mit der Gegenübertragung des Therapeuten wie der Übertragung von mißbrauchten Patienten finden sich bei George Downing, *Körper und Wort in der Psychotherapie*, München 1996.

männlichen Therapeuten handelt. Ist das Thema in der Gegenübertragung manifest geworden durch eine für den Therapeuten spürbare schlüpfrige Atmosphäre oder durch sexuelle Bilder, die sich aufdrängen – was noch nicht heißt, daß es auch schon in der Übertragung erfahrbar und formulierbar wäre –, dann kann es, wenn man intuitiv den passenden Moment findet, außerordentlich hilfreich sein, sich an die meist unbewußten Körpererinnerungen zu halten. Zu diesen gibt es sicher viele Wege; für mich hat es sich als förderlich erwiesen, folgende, direkt von Al Pesso übernommene Interaktion anzubieten, die einleitend kurz erklärt werden sollte: »Es ist normal, wenn auch bei unserer Form der Nähe, selbst wenn Sie vielleicht noch nicht wagen, es auszusprechen, ein geheimes Mißtrauen entsteht, was meine Begehrlichkeit oder meine Neigung zu Übergriff und Mißbrauch angeht. Sie haben mich bisher ja vielleicht als korrekt erlebt, selbst wenn wir mit körperlichen Berührungen gearbeitet haben. Ich schlage Ihnen folgende Übung vor, die dieses Thema stark verdichtet und Ihnen eine vorläufige Überprüfung erlaubt. Ich würde Ihnen vorschlagen, auf dem Rücken liegend, die Knie anzuheben und die Füße aufzustellen. Ich umfasse die Knie wie in einem Ring mit einem Arm und lade Sie ein, die Knie mit aller Kraft auseinanderzudrücken, so daß Sie ›geöffnet‹ daliegen. Ich biete einfach Halt, egal wie weich, offen oder verführerisch Sie sind.«

Bei dieser Interaktion würde ich, auch bei rascher Erlaubnis, nie gleich zur Tat schreiten, sondern erst mit dem Patienten die Auswirkungen des Angebots betrachten. Zunächst werden, um einen Moment der Verwirrung und der Scheu zu überdecken, überwiegend Verständnisrückfragen gestellt. Oder es kommt ein »Huh, mit aller Kraft?«, was meist für Siegesphantasien spricht und die infantilen oder pubertären Größenphantasien aufzeigt, womit schon ein Teil der Begleitumstände des Mißbrauchsthemas formuliert ist, nämlich die hinter der Opferidentität liegenden Machtphantasien. Ich habe bereits in einem früheren Abschnitt betont, daß ich wenig Erfahrung mit schwer mißbrauchten Opfern habe. Es geht also bei meinen Patienten eher um solche, die in einem »mißbrauchenden Klima« gelebt haben und die neben den Übergriffen und Entbehrungen doch auch gespürt haben, welche Macht sie durch ihre Attraktivität oder die neurotische Bedürftigkeit der Väter, Ersatzväter oder auch Mütter gewannen.

Andere Patienten stürzen eher ab in eine tiefe Resignation und sagen etwa: »Oh, ich habe gar keine Kraft, das schaffe ich nie, ich konnte mich ja nie wehren«, und bieten damit das ganze Ausmaß ihrer leibseelischen Resignation an. Wenn sie es dann probieren und wiederholt ermutigt werden, dann spürt man eine große Kraft, die sich nie entfalten durfte, und es kommt sogar zu einem freudigen Üben, das aber vom Hauptthema wegführen kann, wenn es sich vor allem um eine Wiederentdeckung der eigenen Kraft handelt. Die ursprünglich angebotene Szene, die vom Mißbrauch ausging, führt plötzlich in die kämpferische Latenz und darf dort auch bleiben, bis das Ich größere Kraft und größeren Mut gesammelt hat, um das Mißbrauchsthema anzugehen.

Bei den Patienten, bei denen das Mißbrauchsthema direkt angesprochen ist und die sich auf das Arrangement einlassen, kommt es meist zu einem erbitterten Kampf. Sie wollen nicht einsehen oder zulassen oder aushalten, daß sie den Therapeuten durch das Öffnen der Beine nicht verführen können. Sie haben früh erlebt, daß sie erotische Macht hatten, haben sich danach aber aus Scham und Angst selbst in engen Schranken gehalten und auch ihre Anmut aus Furcht vor Mißbrauch nicht mehr gezeigt. Nun setzen sie dem potentiellen Verführer ihre eigene Macht der Verführung entgegen, bei der sie einmal selbst die Vorgänge steuern möchten. Nach den ersten Kampfwellen ist es sinnvoll zu wiederholen: »Ich gebe Ihnen Halt, auch wenn Sie mir alles zeigen und mich locken wollen. Ich werde nicht sexuell reagieren, auch wenn Sie ganz verführerisch, weich und offen wären.«

Zwei typische Reaktionen sind zum einen Tränen der Trauer (»So viel Schutz habe ich nie gehabt!«) und des Aufatmens über den Zugewinn an Sicherheit; und zum andern eine stärkere Ichpräsenz: »Das war ein guter Kampf. Gott sei Dank haben Sie standgehalten. Ich hätte noch lange weiterkämpfen können, ich wußte nicht, was ich für eine Kraft in den Beinen und im Becken habe. Danke!« Es folgt dann meist eine Zeit der Erschöpfung und der Ruhe, auch des Staunens. In der Nachbesprechung kommt oft noch einmal der Stolz auf die eigene Kraft heraus, bei gleichzeitiger dankbarer Anerkennung der Kraft des Therapeuten. Manchmal öffnet sich aber auch der Zugang zu den geheimen Hurenphantasien, die die Macht- und Rachewünsche gegenüber den Männern bebildern, und Phantasien, die sich um Schrecken, Macht und verführerische Schönheit des Schoßes ranken. Das Unbewußte gibt, im Vertrauen bestärkt, Material frei, das sonst vielleicht noch lange oder für immer verschüttet gelegen hätte.

Die Intervention als ganze mag paradox erscheinen, was sie auch ist: Sie setzt nicht beim Trauma des Opfers an, sondern bei den traumatisch ausgelösten Größenphantasien, denen Gelegenheit zum kraftvollen Ausagieren gegeben wird. Dadurch wird das sichere Eingegrenzt-Werden ins Zentrum gerückt ebenso wie die Schuldgefühle des Täters, die, wie Ferenczi herausfand, vom Opfer introjiziert werden. Der Therapeut übernimmt die Verantwortung für die Grenzen, die stabiler sind als die Machtphantasien und die Schuldgefühle des Kindes bzw. Patienten. Wenn man die Exhibitionslust kleiner Kinder sieht, dann ahnt man, in welche Gefahr sie sich begeben, wenn Eltern, Stiefeltern, »Onkels«, Nachbarn usw. lüstern auf die Exposition reagieren. Der Therapeut signalisiert also auch, daß er, wie groß der Wunsch nach ursprünglich unschuldigem, später »schuldigem« Exhibieren und Locken auch ist, klare Grenzen bei fortgesetzter liebevoller Berührung zieht, für die er in diesem Fall allerdings viel Kraft braucht.

Der Elternkörper als Kletterbaum

Wenn man beobachtet, wie und mit welchen Körperteilen, mit welchem Druck oder welcher Innigkeit Kinder den Körper der Eltern berühren, dann staunt man über die Vielfalt der Möglichkeiten. Eine wichtige Form ist es, den mütterlichen oder väterlichen Körper mit den Armen oder auch, in früherem Alter, mit den Beinen zu umklammern; so etwa, wenn die Mutter sich das kleine Kind seitlich auf die Hüfte setzt; wenn es den Bauch zu umschlingen oder sich im Hukkepack auf dem Rücken festzuhalten versucht. Hier spielen Verschmelzung und Konturierung gleichermaßen eine Rolle, und das Kind kann das Ausmaß an Passivität, an Eigenaktivität und Autonomie je nach seiner Stimmung dosieren. Der größte Jubel entsteht, wenn der kniende Vater sich zum Rodeo anbietet und das Kind versucht, sich mit klammernden Beinen oben zu halten. All dies sind wichtige Modellsituationen und gleichzeitig Gelegenheiten, auch den Po, den Damm, die Innenflächen der Schenkel und die Genitalien mit dem Elternkörper in Verbindung zu bringen. Das Kind holt sich sozusagen »klammheimlich« den Berührungssegen auch für diese diffizileren Regionen, deren Schicksal es in prüden Familien oder bei anderweitiger großer Berührungsscheu oft genug ist, als »unreine Regionen« ausgeklammert zu werden. Die Umklammerung mit den Beinen wird daher auch zum Symbol für die averbale Kommunikation: »Dein ganzer Körper ist in Ordnung.«

Wie läßt sich nun der Symbolcharakter dieser Szenen in

mehr als nur verbaler Form wiedergewinnen für eine mögliche Milderung einer Exkommunikation ganzer Körperregionen, so daß die symbolische Bedeutung der sprachlichen »Berührung« angereichert wird durch konkrete und sinnliche Erfahrung in einem regredierten Zustand?

Denkbare Ausgangslagen in der Übertragung seien nur angedeutet: Es kann sein, daß bei einer Reihe möglicher Körperthemen eine deutliche Berührungsscheu, verbal wie sinnlich, spürbar wird; es verdichtet sich in der Stimmung der Stunde etwas von der prüden Familienatmosphäre; es wird offensichtlich, daß die Beckenregion auch verbal ausgeklammert bleibt; es kann dem Therapeuten bewußt werden, in welchem Ausmaß der Patient seit Beginn der Therapie wie ein Zinnsoldat ohne jede Bewegung daliegt usw. In der Gegenübertragung fühlt man sich gelegentlich angesteckt durch die Stimmung der Abwehr oder durch ein Gefühl, insgeheim vom Patienten einer verführerischen Absicht beschuldigt zu werden. Hierzu wieder der einfache Satz: Verführung zum Leben ja, Verführung zur ausagierten Sexualität nein! Daß der Therapeut dazu neigt, den Patienten zum Leben zu verführen, darf dieser wissen. Aber der Patient bestimmt das Tempo; das Ganze geschieht ohne Leistungsdruck, eher mit Lockung und Ermutigung, und bei geduldiger Durcharbeitung der Ängste wie der Überich-Widerstände, aber bei ebenso klarer Nutzung der Freude als Motor weiteren Wachstums.

Das Angebot lautet also: Der Patient liegt auf dem Rücken, der Therapeut setzt sich ans Fußende der Couch mit dem Rücken zum Patienten. Der wird eingeladen, so nahe an den Therapeuten heranzurücken, daß er ihn mit den Beinen in Bauchhöhe umklammern kann (Patientinnen sollten eine Hose tragen). Manche Patienten haben zunächst schon Mühe, die Beine ein wenig zu öffnen, so daß sich der Therapeut dazwischen setzen kann. Immer wieder wichtig ist es zu betonen: Es muß gar nicht alles sofort gelingen, und die zutage tretenden Ängste und Widerstände sind sehr wesentlich. Das Zögern wird stärker, wenn sich der Abstand zwischen Rücken und Po oder Damm verringert; aber hier helfen dem Kind im Patienten die Neugier, die Eroberungslust und Reste von vielleicht verkümmerter Spielfreude, die nach vorne drängen. Es gibt ungläubige Ausrufe wie »Wirklich ganz ran?« Oder: »Haben Sie keine Angst, daß ich Sie erdrücke?« Oder: »Bis ich Sie voll berühre?« Manchmal spürt man förmlich den Schauer, wenn eine bisher unbekannte Grenze überschritten wird, die sich plötzlich als künstlich erweist. Es geht wohlgemerkt nicht um Grenzüberschreitungen um jeden Preis. Es werden vielleicht einige Tabus der klassischen Analyse überschritten: Aber im Vollzug erweist es sich, daß das Kind sich verlorenes oder nie betretenes Gelände wieder betretbar macht, und zwar nicht als wiedergutmachendes Geschehen, sondern als eine körperliche und zugleich symbolische Interaktion, die verinnerlicht werden kann.

Nach der »Ankunft« in der Position der Umklammerung, bei der die Unterschenkel sich über den Beinen des Therapeuten kreuzen, sind zwei Interaktionsformen am häufigsten. Da gibt es einmal die Position der Ruhe nach dem Abenteuer der Annäherung, der Überwindung der Widerstände und Ängste, der Verwunderung über die Exkursion ins Unbekannte; und der Patient überläßt sich den Gefühlen und Empfindungen, denn er spürt auf eine absolut ungewohnte Weise die Landschaft seines und des Körpers des Therapeuten. Manche möchten sich ein Stück zurückziehen, dann kann man darüber reden, was sie dazu veranlaßt, oder man läßt es geschehen, weil nicht alles thematisiert werden muß. Ganz im stillen wird meist den Berührungsempfindungen des Pos, des Dammes und der Genitalien nachgespürt. Nach meiner Erfahrung liegt die sensorische Aktivierung des Anus noch mehr im Verborgenen; um ihn bildet sich sozusagen ein Geheimnis, er befindet sich im verschwiegenen Grenzbereich von Berührung und wird, wenn überhaupt, erst später zum Thema. Wenn sich die Aufregung legt und das Überich milder wird, auch das nie ganz fehlende Befremden, dann zeigen sich Freude über das Abenteuer und ein stilles Genießen einer Kraftquelle, aus der Ermutigung in den ganzen Körper fließt.

Die andere Variante ist die kämpferische: Der Patient umklammert den Körper und erprobt seine Kraft. Das wirkt auf den Therapeuten manchmal so, als wäre er in die Fänge einer Python geraten, aber es ist mir nie passiert, daß der Druck zu groß war. Doch bedarf es einer Vereinbarung, sofort aufzuhören, falls der Druck einmal schmerzhaft würde. Die Variante gleicht in ihrer Wirkung der »fleischfressenden Pflanze«, nur daß die klammernden Körperteile andere sind. Wenn sich Wut oder Kampfeslust in die Interaktion hineinmischt, kann man auch vorschlagen, der Patient möge einen schütteln wie der Sturm einen Baum; hier ist es ebenfalls nicht schwer, sich durch die seitwärts aufgestützten Arme, wenn auch schwankend, aufrecht zu halten. Aber dies ist sicher eine Übung, die eine gewisse Stärke, die Abschätzung der Kräfteverhältnisse und eine Lust an gelegentlich heftiger Interaktion erfordert. Wichtigste Voraussetzung ist die Unbefangenheit im eigenen Körper, die sich auf den Patienten als Grundvertrauen in seinen Körper überträgt. Das Geschenk dabei ist die Erfahrung, daß sich eine Fülle von mehr oder weniger neurotischen Phantasien über den Körper, das Körperschema, über Berührungsprobleme und Nähetabus aufzulösen beginnt, was ein starker Anstoß ist für das nach wie vor mühsame Durcharbeiten. Aber es werden somatische Evidenzen abgerufen und neue gefunden, und das ist ein anderer, überzeugender Ausgangspunkt für die Arbeit an den unbewußten Phantasien.

Bei der Beendigung der Interaktion ist es wichtig, auf

eben die Form dieser Beendigung zu achten und den Patienten daran zu beteiligen. Es macht einen Unterschied, ob der Therapeut sich zuerst erhebt und zu seinem Sessel zurückkehrt; oder ob der Patient die »Trennung« einleitet, sich auf der Couch etwas entfernt, sich aufsetzt oder den Therapeuten bittet, sich neben ihn zu setzen. Da so intime Dinge »berührt« wurden, im konkreten wie im symbolischen Sinn, ist es wichtig herauszufinden, ob ein Augenkontakt stattfinden kann oder ob Scheu und Scham noch überwiegen: alles Material für die weitere Arbeit. Es gleicht einem Moment der Ernte, wenn beide sich mit den Augen vergewissern können: Dies haben wir zusammen erlebt und dabei bisher gültige Grenzen überschritten, und es ist nichts Schlimmes passiert. Das vertieft das Arbeitsbündnis enorm, es wächst an der gemeinsam überstandenen Gefahr wie der eingebrachten Ernte des Muts zu einer neuen Erfahrung. Besonders wenn aus familiären und später neurotischen Gründen unbetretbares Gelände wieder begehbar wurde, kommt es manchmal zu einem tief dankbaren Blick, als hätte man den Patienten durch ein Stück totes Gelände hin zu fruchtbarem Boden einer früh verlorenen oder vergifteten Berührung begleitet, die einen neuen Zugang zu seinen verarmten oder verzerrten Symbolisierungen erlaubt.

Umklammerung mit den Knien

Eine Variante des vorigen, die vermutlich ein ähnliches Alter des Kindes anspricht, aber mit einer anderen Körperhaltung arbeitet, ist die folgende: Der Patient wird eingeladen, sich hinter den Therapeuten zu knien, der mitten auf der Couch sitzt, mit dem Blick ins Zimmer und dem Rücken zur Wand. Es setzt oft die trotz eindeutiger Erklärung übliche Verwirrung oder Desorientierung ein, wie sie viele der großen Annäherungsschritte begleitet. Der ungefähre Text der Einladung lautet: »Sie knien hinter mir und umfassen mich dann mit Knien und Armen. Ja, Sie rücken ganz nach vorn, so daß Sie mich auch mit Ihrem Unterkörper, mit Bauch und Brust berühren. Sie schlingen die Arme um mich und pressen mich nun mit Armen und Beinen in sich hinein, als ob Sie mich auffressen wollten.« Das Wort »auffressen« löst mitten in dem auch angstdurchsetzten Geschehen eine lustige Stimmung aus und fördert die spielerische Regression wie den Mut, das Drücken wirklich auszuprobieren. Es hat sich als hilfreich erwiesen, den wachsenden, aber noch gehemmten Druck durch Angaben zu begleiten, mit denen ich in Prozenten den Krafteinsatz einschätze. Diese Zahlen »40%, 50%« treten direkt mit den Größen- oder Schreckensphantasien in eine Verbindung. Denn beim Drücken der Brust oder des Beckens kommen alte Ängste über das Ausmaß der eigenen Gewalttätigkeit zum Vorschein, über Schädigungen, aktiv oder passiv, von Geschwistern oder Schulkameraden, aber auch von Eltern und nun vom Therapeuten, oder über nachfolgende Strafen. Der Glaube, daß der Therapeut für sich selbst sorge und die Verantwortung für das Experiment trage, ist oft nicht tief verankert, vor allem, wenn neue, auch mit Kraft verbundene Interaktionen auftauchen. Es spielt sich ein, daß der Therapeut die wachsende Kraft anerkennt, und der Patient staunt, daß seine potentielle Gewalttätigkeit sowohl liebevoll wie kämpferisch sein kann, positiv validiert wird und in einer größeren Nähe endet. Die Übung weckt den Ehrgeiz, und mancher Patient will kämpfen bis zur Ermattung, ist aber schon vorher dankbar, wenn man ihn einlädt, sich nun zum Ausruhen vornüber sinken zu lassen. Er liegt dann, noch immer auf den Knien, schwer atmend auf dem leicht nach vorn gebeugten Rücken des Therapeuten und spürt, wie sein Atem an den tragenden Rücken heranwogt und Antwort vom Atem des Therapeuten erhält. Dieses Ausruhen auf dem Rücken des eben noch »aufgefressenen« und bekämpften Therapeuten macht tief dankbar und führt nach einer Weile dazu, daß auch der Kopf auf dem Hals des Therapeuten abgelegt wird, oft verbunden mit dem Satz: »So etwas hätte ich mal haben müssen mit meinem Vater.« Haupteinwand von analytischer Seite hiergegen ist, der Körpertherapeut spiele den »besseren Vater« und behindere die Auseinandersetzung mit und die Annahme des realen Vaters. Der Satz enthält eine kleine Teilwahrheit: Der Therapeut »spielt« für einige Minuten den »idealen« Vater, legt damit den Keim für ein anderes Introjekt und erleichtert die Trauer um das, was das reale Leben vorenthielt. Das Wichtige ist aber nicht das immer wieder vermutete »Entschädigungs- oder Wiedergutmachungsgeschenk«, sondern die Eröffnung eines Blickes auf ungelebtes Leben und die beginnende Schaffung einer neuen Landkarte des Körpererlebens. Irgendwann folgt die Erkenntnis, daß der Vater nicht aus Bosheit »unberührbar« war, sondern aus vielleicht neurotischer oder tragischer Behinderung, aus generationsübergreifender Hemmung, und der Weg zum Verstehen wird gangbar. Hilfreich können Sätze sein wie: »Sie haben viel versäumt miteinander«, oder direkter: »Er hat viel versäumt mit Ihnen.«

Nach dem Ausruhen kommt bei den meisten der Wunsch, den Kampf noch einmal aufzunehmen: »Denken Sie bloß nicht, das wär's schon gewesen!« Das Unbewußte kann sich jetzt unbefangener öffnen und die Interaktion steuern. Der Patient überläßt sich auch leichter dem ruhigen Staunen darüber, was alles aufsteigt an Erinnerungen und Ängsten, aber auch an Triumphgefühlen, die über vieles hinausweisen, was »zu Hause« nicht möglich war. Seine Trauer kann schon beginnen, noch während er auf dem Rücken des Therapeuten liegt.

Spielwiese für die Füße

Das »Grounding« nimmt in der Bioenergetik eine zentrale Stellung ein. Es bedeutet, mit Füßen und Beinen wieder auf der Erde Grund zu finden; sich zu verankern, sich in der Vertikalen auszurichten. Meist wird aber mit den Füßen auf dem harten Boden geübt, wobei der Boden durchaus die Bedeutung von »Mutter Erde« annehmen kann. In der Entwicklung des Kindes sind das erste »Grounding« die von den Armen und Händen der Mutter unterstützten Stehversuche des Kinds auf ihrem Schoß, bei denen noch nicht das ganze Gewicht von den eigenen Beinen getragen wird und bei denen die Einübung in den Tastsinn der Fußsohlen und den Gleichgewichtssinn eine große Rolle spielt, bei gleichzeitiger freudiger Kommunikation mit Gesicht und Stimme der Mutter. Das erste »Grounding« findet also auf dem Schoß der Mutter statt.

Hierzu gibt es eine symbolische Simulation, die einen starken seelischen Nachhall hervorruft. Der Therapeut setzt sich ans Fußende der Couch, mit dem Rücken an die Wand gelehnt und am besten mit der Möglichkeit, ein Bein zum Abstützen seitlich auszustellen. Die Einladung an den auf dem Rücken liegenden Patienten lautet: Er könne mit seinen Füßen die Oberschenkel des Therapeuten berühren, und zwar möglichst nahe an den Hüften, weil dann die Erwiderung oder das Abfangen eines eventuellen Drucks leichter ist.

Die Annäherung an die Berührung ist meist scheu, zögernd un vorsichtig. Der Fuß als Kontaktorgan ist seit Kindertagen oft weitgehend aus dem Bewußtsein geschwunden und muß erst wieder staunend erfahren werden. Manche Sohlen fühlen sich an wie erstarrte Bretter oder wie leblose Teile, die nicht in den Gesamtkörper integriert sind. Man kann es dem liegenden Körper ansehen, ob die Berührungen sich nach oben fortsetzen oder ob sie sozusagen an den Knöcheln, den Knien oder an den Hüften enden. In der Gegenübertragung spürt man, ob die Füße »beseelt« sind oder nicht. Oft kommen Rückfragen, ob es nicht weh tue, ob man sich nicht ekle, ob der Druck etwas stärker werden dürfe; ob man die Zehen bewegen oder ob die Sohle sich der Rundung des Oberschenkels anpassen dürfe. Es läuft dann eine doppelte Exploration: zum einen die verbale Vergewisserung, zum anderen spürt man, wie sich aus Sohlen und beweglicher werdenden Zehen eine Art Forschungsinstrument bildet, das diesen ungewohnten Erdengrund eines symbolischen Stehens erkundet. Es tauchen Bilder auf und Fragen wie zum Beispiel, ob die Füße oder die Socken nicht stinken – damit ist man beim Thema Ekel angelangt; aber es regt sich in den Zehen auch eine scheue Lebensfreude, die sich noch steigert, wenn der Therapeut mit den Händen die Zehen berührt und mit ihnen in eine Interaktion eintritt. Zwei Varianten stehen im Vordergrund: das Spiel der Zehen mit den Fingern auf der Seite der Bewegungslust; auf der anderen Seite, wenn die Hände die Zehen bedecken, eine versunkene Ruhe, verbunden mit dem Gefühl einer unerwarteten Geborgenheit, die manchmal mit stiller Freude, manchmal mit Trauer und Tränen verknüpft ist. Bei im Untergrund vorhandener Wut drängen sich Phantasien oder Wünsche auf, zu treten oder den Therapeuten von der Couch zu stoßen. Es ist mir noch nie passiert, daß es zu einem bedrohlichen unkontrollierten Handlungsimpuls kam; aber es ist wichtig, die Phantasien und kleinen Probehandlungen zu würdigen, sogar nach ihnen zu fragen und so auf das Thema »Gewalt mit den Füßen« zu kommen.

Nach dieser Ruhephase ist Raum für ein Gespräch mit Augenkontakt. Um aus der Regression herauszuhelfen, ist es außergewöhnlich hilfreich, folgendes vorzuschlagen: Der Patient möge die Füße an meinen Oberschenkeln abstützen und so nahe wie möglich an mich heranrücken, so daß die

Knie gebeugt sind. Jetzt wird es wichtig für den Therapeuten, durch das ausgestellte Bein guten Halt auf der Couch zu haben. Er lädt nämlich den Patienten ein, die Beine durchzudrücken und sich dadurch im Liegen zum Kopfende der Couch hin zu schieben. Manche können es nicht fassen, daß das erlaubt und möglich sein sollte, fürchten, Schmerzen zuzufügen, oder glauben nicht, daß der Therapeut den Druck aushält. Es geht aber ganz gut: Das »Aufstehen« vollzieht sich meist langsam, tastend, dann, bei eingeforderter Wiederholung, zügiger und mit deutlicher Freude an dieser wichtigen Autonomiebewegung, die die ganze Person vom Therapeuten entfernt, obwohl der Fußkontakt erhalten bleibt. Es ist eben diese körperliche Form des Wegstrebens und gleichzeitig In-Verbindung-Bleibens, die die Modellszene eines geschützten Schrittes oder Schubes in die Selbständigkeit symbolisiert und nach mehrfacher Wiederholung eine dankbare Ruhe auslöst.

Die verborgenen Schwierigkeiten und Fußangeln

Bis hierher habe ich versucht, die praktische »Handreichung« oder beschreibende Aufzählung der Berührungen mit der Grammatik der am häufigsten vorkommenden Gefühle bei beiden Partnern zu verbinden. In der Tat reagieren viele Patienten mit erheblichen seelischen Mangelzuständen und Konflikten in ihrer Biographie auf die bisher geschilderten Berührungsangebote weitgehend positiv. Sie sind, nach anfänglichem Zögern und dem Durcharbeiten von Schwellenängsten, meistens dankbar, besonders dann, wenn auch Abgrenzung und Aggression in die Beziehung eingehen dürfen. Dabei kommt es zwar zu leicht beängstigenden Szenen, aber der spätere Übergang ins Spielerische ist oft unverkennbar. Es kann ein Teil der negativen Gefühle abgeführt, das Ich entlastet, der Therapeut auch im Bereich von Wut und Haß als zugewandt erlebt werden. Meine Erfahrung ist es, daß eine Reihe von »bösen« Gefühlen sich rückverwandeln kann in eine aggressive Interaktion, die nicht mehr die destruktive Bedrohlichkeit lange unterdrückter Wut ohne Ventil anzunehmen braucht. Und dennoch ist es wichtig, daß die meisten Gefühle auch in der Übertragung erlebt und ausgedrückt werden. Die Beziehung ist und bleibt auch in der analytischen Therapie die Nagelprobe für die Annäherung an und das Aushalten von als bedrohlich erlebten Affekten. Die meisten Gefühle verstärken sich in der analytischen Körpertherapie durch die größere Nähe. Aber Mißtrauen, Ekel und mörderischer Haß brauchen auch den verbalen Ausdruck, selbst wenn sich diese Affekte ebenso averbal, szenisch und pantomimisch ausdrücken und darstellen lassen.

Allerdings kommt dem Therapeuten eine weitere Rolle zu, die in der klassischen Analyse weniger intensiv wahrgenommen wird, nämlich die des Lehrers. Wolfgang Loch* hat schon in den siebziger Jahren von der Rolle des Analytikers als »Gesetzgeber und Lehrer« gesprochen, und er meinte damit dessen didaktische Anteile hinsichtlich der Funktion des Seelenlebens, des Settings wie des Umgangs mit den Affekten. In der Körperpsychotherapie ist es der didaktische Anteil bei der Einleitung und Gestaltung der körperlichen Interaktion. Denn der Patient muß sich in einem viel tieferen Maße auf die Kompetenz, die Lauterkeit und die spezifische Form der Abstinenz des Therapeuten verlassen, weil das Handeln eine ungleich größere Rolle spielt. Dafür wird er belohnt nicht nur mit neuen Einsichten, einer langsamen Entängstigung und neuen Konfliktlösungsmöglichkeiten, sondern auch mit unerwarteten Erfahrungen mit seinem Körper, in dem sich seine Psyche ausgedrückt oder verfestigt hatte. Das führt oft zu einer

* Wolfgang Loch, *Der Analytiker als Gesetzgeber und Lehrer*, in: Psyche 28, S. 431-460, 1974.

deutlichen Dankbarkeit, so, als sei der Therapeut der Reiseführer in eine neue Welt, in der frühe Bedürfnisse endlich erkannt, die primären befriedigt, die bösen Eltern mit Zorn gesehen und eine bedrückte Jugend mit neuem Elan noch einmal durchlebt werden könnte. Davon ist manches wahr, und auch die klassischen Analytiker reklamieren einiges davon. Es therapieren ja schließlich nicht alle nach dem archaischen Gesetz der permanenten Frustration.

Aber damit die Einführung und Nutzung der körperlichen Interaktionen auf der Couch dem skeptischen wie dem hoffnungsvollen Leser nicht zu einfach erscheinen, möchte ich auf einige Gefahren und Fußangeln anhand eigener Erfahrungen hinweisen.

Die Sexualisierung, die so sehr befürchtet wird, war kaum ein bedrängendes oder hinderliches Moment, und wenn, dann konnte sie aufgelöst werden durch die Entdeckung und den Umgang mit den dahinter liegenden frühen Bedürfnissen und Abwehren. Aber in einzelnen Fällen könnte sie zu einem Problem werden, und dann hilft am besten Supervision oder Intervision mit einem befreundeten Kollegen, vor dem man sich nicht zu verbergen braucht und von dem man sich etwas sagen lassen kann.

Die größere Gefahr scheint mir eher bei den Fällen zu liegen, wo das Halten zu einem Dauerbedürfnis zu werden droht und die Behandlung zu stagnieren beginnt, ohne daß eine neue Entwicklung spürbar wird. In sehr verkürzter Form möchte ich von einer Analyse berichten, bei der ich in dieser Hinsicht am meisten Lehrgeld bezahlt habe, wie die Patientin übrigens auch. Die erste, hoffnungsvolle Phase ist beschrieben im Kapitel »Ich habe Sie sehr sehr gern. Umfassender Halt und Stillung durch die Augen« meines *Stundenbuchs*. Ich beginne meinen Bericht hier mit einer Reihe von Verben, die das ganze Ausmaß meiner Unsicherheit in bezug auf die Funktion und das Ausmaß an Berührung in einer späteren Phase der Therapie spüren lassen: Ich bot ihr in ihrem tiefen depressiven Elend schon früh an, ihre Hand oder ihren Kopf zu halten oder sich an mich zu klammern. Aber die Bedürftigkeit nahm zu, und die Intensität der Berührung auch. Sie schien es dringend zu benötigen, und ich war bereit, es zu geben; eine große Sympathie für mein »Riesenbaby« kam hinzu. Doch dann ging es ins vierte Jahr, und meine immer ambivalenter werdenden, suchenden oder fluchenden Vokabeln hießen: Ich war bereit zu halten, aber wie lange noch? Ich ließ mich drängen, ich hoffte auf endlich einsetzende Veränderung, ich fühlte mich erpreßt, ich langweilte mich, ich verzweifelte, ich deutete, ich schimpfte, ich versuchte es empathisch, ich mochte sie weniger, ich verachtete zuerst mich, dann sie; ich fürchtete, die nicht-berührenden Analytiker hätten doch recht und hatten es schon immer gewußt; ich witterte Verrat, Denunziation, Entzug der Kassenzulassung; ich solidarisierte mich wieder mit ihr; ich fürchtete, sie sei hinter aller Anmut destruktiv, und zwar in einem Ausmaß, dem ich nicht gewachsen war; ich fühlte mich angefüllt mit ihrer unendlichen Seelenqual und fand die Theorie der projektiven Identifikation für den Kopf hilfreich, für die Behandlung höhnisch unpassend; bei Entzug des Halts wurde sie suizidal, aber sie betonte weiter, daß ich doch ihr Retter sei. Es war der (beinahe) längste sanfte Alptraum in meinem Wirken als freudianischer Heiler.

Erst nach der explosionsartigen Beendigung unserer Therapie einige Monate nach Beginn ihrer gleichzeitigen Arbeit mit einer Kollegin (die wir beide als Triangulierungshelferin einmütig ausgewählt hatten, die sie aber vor mir »rettete« und mich bald als »destruktiv« beschimpfte) wurde mir der Zusammenhang zwischen authentischen oder primären und den kompensatorischen Bedürfnissen klar, wie ich ihn vor vielen Jahren bei Marguerite Sèchehaye in ihrem Buch *Eine Psychotherapie der Schizophrenen* gelesen und wieder vergessen hatte. Die ausdauernde Sucht nach Halt und anklammernder Berührung war ein solches Ersatz-Bedürfnis zur Niederhaltung von Angst. Von daher auch die panische Dringlichkeit, die nichts mehr mit Verschmelzung und Abgrenzung, nachholender Strukturbildung oder ichstärkendem Halt zu tun hatte, sondern, wie Gisela Worm in einem unveröffentlichten Vortragsmanuskript schreibt: Diese kompensatorischen »Ersatzbedürfnisse entstehen aus Anpassungsprozessen an Elternsysteme, die bereits von den verschiedensten Lösungen zur Bewältigung von Ängsten sowie unterschiedlichen Formen der Ersatzbefriedigung bestimmt werden. Je mehr das Kind auf die Befriedigung eigener Grundbedürfnisse verzichten muß zugunsten der Anpassung an diese elterlichen Abwehr- und Sicherungssysteme, desto größer ist der Anteil der Ersatzbefriedigungen statt wirklicher Befriedigungen.« In diesem Fall kam noch hinzu, daß ich mich, aus biographischen Gründen, nicht in einen (väterlichen) Mann verwandeln durfte, sondern die frühe Mama bleiben mußte, der die primäre, ja totale Loyalität sowie eine haßerfüllte Abhängigkeit und gebundene Verschmelzung galten. Ich hatte damals noch keinen Zugang zu analytisch-körpertherapeutischer Supervision und hoffte vergeblich auf eine Verständigung mit der viel zu spät zugezogenen Therapeutin.

Heute arbeite ich in ähnlichen Fällen manchmal, neben anderen Varianten, die eine besser geschulte Analyse der Gegenübertragung ermöglicht, durchaus mit einem gewissen Maß an Druck: »Erst Arbeit an einem Konflikt oder an der Angst, und die letzten zehn Minuten der Stunde haltgebende Berührung.« Keine ideale Lösung, aber die gibt es auf diesem Feld der ins Suchtartige abgleitenden Abhängigkeit von Berührung nicht. Die Fälle sind jedoch eher selten, erschließen sich heute auch früher einer genaueren Diagnostik und lassen sich besser handhaben. An der Bedeutung der Einbeziehung des Körpers haben sie mich nie zweifeln lassen.

Gisela Worm, von und mit der ich in langer kollegialer

Zusammenarbeit viel gelernt habe, weist zu Recht auch auf die plötzlich, inmitten von als positiv erlebter Arbeit mit dem Körper, eintretenden »negativen Beziehungserlebnisse« hin, die den Anfänger erschrecken und ratlos machen können. Ein solches Umschlagen von Geborgenheit in »Schraubstockgefühle«, das uns beide verblüffte, habe ich im Kapitel »Ich lasse mich als Vater erobern. Formen der Gegenübertragung in der psychoanalytischen Körperpsychotherapie« des *Stundenbuchs* beschrieben.

Es ist wichtig zu wissen, daß es in der analytischen Körperpsychotherapie überhaupt zu sehr viel rascheren Veränderungen, ja Umbrüchen in der Übertragung kommt als in der klassischen Psychoanalyse, unter anderem deshalb, weil sich die »Ausdrucksgestalten« von Gefühlen rascher schließen und Raum schaffen für nachdrängende Affekte oder Ängste.

Nach diesen eher aufmerksam machenden oder warnenden Sätzen über die Einführung der Körperarbeit in die analytische Arbeit möchte ich fortfahren mit den Formen der Berührung.

Analytische Körperpsychotherapie ohne Couch

Viele der bisher besprochenen Interaktionen lassen sich auch in Psychotherapien, die im Sitzen geführt werden, anwenden. Es bedarf dann natürlich einer anderen Vorbereitung der jeweiligen Schritte; und die Anwendung hängt davon ab, ob eine Couch oder eine Matratze vorhanden ist. Es ist der Intuition und dem Geschick wie der Experimentierfreude des Therapeuten anheimgestellt, wie er mit diesen Möglichkeiten umgehen will. Im Falle starker Erschütterung, Erschöpfung, depressiver Verstimmung, Verzweiflung usw. biete ich aber den Patienten recht häufig an, sich auch in einer einstündigen, in der Regel im Sitzen durchgeführten Therapie auf die Couch zu legen, und die Patienten wissen, daß sie dies auch von sich aus tun können. Die Couch trägt für diesen Zweck die Bezeichnung »Sanatorium«, das genutzt werden kann, wenn die seelische Kraft kaum noch ausreicht, um sich auf dem Stuhl zu halten und vorwiegend verbal zu arbeiten.

Im folgenden will ich aber Formen der Berührung schildern und analysieren, die aus einem Arrangement mit zwei Stühlen oder Sesseln hervorgegangen sind. Bei dem Patienten, den ich in der Fallgeschichte *Ödipus in Panik und Triumph* dargestellt habe, stand ich in vielen Stunden immer wieder für einige Minuten neben seinem Sessel und bot ihm an, sich an mich anzulehnen. Ihm war sehr deutlich, daß ich immer rechts stehen mußte; dann konnte er seinen Kopf und seine Schulter an mich lehnen, weinte entweder still oder überließ sich, nach seinem anstrengenden und manchmal zermürbenden Klinikalltag, einer Ruhe, aus der er neue Kraft schöpfte, Kraft auch für die spätere verbale Auseinandersetzung mit seinen Autoritätskonflikten.

Ausgangspunkt war die Beobachtung, daß sich sein Kopf immer wieder zur Seite neigte und er Mühe hatte, ihn überhaupt noch aus eigener Kraft zu halten. Er konnte aber nicht sagen, was diese unbewußte Szene bedeutete. Erst als ich mehrere Male neben ihm stand, tauchten Erinnerungen an das Arrangement der Familie beim Abendessen auf. Zu seiner Rechten saß der strenge, autoritäre und unberührbare Vater, der nur darüber wachte, daß alles aufgegessen wurde. Im Neigen des Kopfes drückte sich nun, bei wachsender positiver Übertragung, die kaum noch beherrschbare Sehnsucht aus, eine väterliche Figur möge dasein und diesem Wunsch nach Halt entgegenkommen. Ich legte zusätzlich meinen Arm auf seine Schulter, und so bildeten wir für einige Minuten so etwas wie eine Skulptur des Schutzes.

In der Gegenübertragung kam er mir vor wie ein etwa sechsjähriger Junge, der von einem zu anstrengenden Schulvormittag nach Hause kommt und sich nur noch anlehnen und Kraft tanken will, bevor er überhaupt erzählen kann, was so viel Kraft gekostet hat. Der Kontakt zum Kind im Patienten ist dann so stark, daß er einen Schub von elterlicher Zärtlichkeit hervorruft, als deren Beimengung ich durchaus das Wort Andacht gelten lassen will.

Natürlich gibt es zu dieser »Skulptur« mit dem Vater Vorläufer des Halts mit der Mutter, aber in der erinnerten familiären Szene stand der Vater eindeutig im Vordergrund. Das Ausmaß der Erschöpfung und der depressiven Verzagtheit erklärt sich natürlich nicht nur aus dem kräftezehrenden Alltag des Patienten, sondern auch aus dem Gewicht seiner inneren Konflikte, die ihn immer von neuem zu überwältigen drohten.

Saß ich ihm dann abermals gegenüber, so mußten wir uns immer erst wieder auf der Sprachebene einfinden. Auf der Schwelle dorthin schenkte er mir und sich ein leicht verschämtes, aber auch verschmitztes Lächeln, das zu besagen schien: »Da haben wir uns wieder mal was ganz schön Regressives geleistet, gut, daß das mein Chef nicht sieht, der würde sich an die Stirn tippen. Und meinem Vater käme vielleicht wieder der Verdacht, daß ich doch eine schwule Seite habe. Aber mit Ihnen kann ich das ja machen, weil Sie sowieso ein bißchen verrückt sind.«

An dieser Form des Sich-Anlehnens und dem Fehlen des realen Vaterkörpers konnte ich ihm dann auch deutlich machen, daß seine Homosexualitätsängste viel mit dieser tiefen Sehnsucht nach dem stärkenden Körper des Vaters zu tun hatten. An einer beruflichen Identifizierung mit ihm hat es nicht gefehlt, aber sie war zu seinem Kummer beinahe das einzige Band.

Handreichungen

Über das Halten der Hand auf der Couch habe ich viel geschrieben, und manches trifft auch für das Halten der Hand des sitzenden Patienten zu. Aber es ist noch einmal ein ganz anderer Prozeß, den es zu durchlaufen gilt, wenn der Therapeut einem weinenden oder vor Trauer in sich zusammengefallenen sitzenden Patienten sagt, er könne, wenn er wolle, seine Hand halten. Der Therapeut muß mit mehreren Reaktionen rechnen, von denen einige seinen Narzißmus leicht verletzen können. Denn man riskiert etwas, wenn man dies einem erwachsenen Menschen anbietet, der vor uns sitzt und durch das Setting noch stark an eine Erwachsenenbeziehung denkt (auch wenn klare Zeichen für eine beginnende Regression vorhanden sind): Eine ganze Skala offener oder verdeckter Zurückweisungen durch Befremden, Ablehnung, Nicht-Reaktion, Auflachen, sogar mit höhnischem Beiklang, ist möglich. Soweit der Fächer des Nein.

Im Falle der Zustimmung heißt das noch nicht Realisierung, sondern oft ein Vielleicht; meistens aber kommt ein

»Wie denn?«, und dann beginnt der Tanz des Suchens und Aufspürens von Lösungen, wie die beiden Hände zusammenfinden können. Es lohnt sich, jeden Patienten, auch wenn man ihm diese Berührung zum ersten Mal anbietet, am Prozeß zu beteiligen: »Wie können wir zusammenkommen?« Am spannendsten ist es, wenn der Patient sich die Strecke bis zu meinem Sessel einteilt in Etappen der Annäherung und immer wieder prüft, ob der nächste Schritt zu größerer Nähe noch für ihn stimmt. Die szenische Phantasie ist oft unterentwickelt, so, als hätte es im biographischen Hintergrund der Patienten nie solche Spiele der Annäherung und des Stühlerückens gegeben. Wahrscheinlicher ist es allerdings, daß die Unbeholfenheit auch mit den aufscheinenden Konflikten und Ängsten zusammenhängt und eine Art Zuflucht und Zeitgewinn darstellt, aus denen heraus nachgefragt werden kann, wie das alles gemeint ist. Beim »Doktor«, dem man in ordentlicher Haltung seine Kümmernisse erzählt, plötzlich zum Händchenhalten eingeladen zu werden, ist schon ein bißchen verrückt. Aber das Kind im Patienten ist längst auf den Geschmack gekommen und versucht, seine Vorfreude zu verbergen. Nur das mütterliche Introjekt erhebt gewichtige Einwände und glaubt, auf das leichtfertige oder leichtgläubige Kind aufpassen zu müssen. »Geh mit keinem fremden Onkel mit!« Dieses Introjekt ist es oft, das mit dem Stuhl so unbeholfen umgehen läßt, daß das Handreichen ein einziger Krampf zu werden droht; so zum Beispiel durch ein Heranrücken frontal von vorne, so daß man die Hände wie über einen Graben nach dem andern ausstrecken müßte. Manchmal wird auch die Stuhllehne wie eine Barriere quer gestellt.

Die gängigste und bequemste Lösung sieht so aus: Der Patient rückt seinen Sessel so versetzt heran, daß er, wenn er will, an mir vorbeischauen, mir aber auch bequem die Hand reichen kann. Je nach der Konstruktion der Stühle – mit Armlehne oder ohne – muß man sehen, wie die Arme und

Hände ohne Spannung zueinanderfinden. Damit man sie nicht in der Luft halten muß, lege ich meist ein Kissen auf mein Knie, und dort können dann beide ruhen.

Aber Vorsicht, hinter der Ruhe steckt zunächst einmal Aufregung, denn der Patient weiß nicht so recht, was die Berührung auslösen wird. Auch wie sich die Hände ineinanderfinden, ist noch einmal offen: Da gibt es den intendierten, von mir paritätisch genannten Händedruck, bei dem beide Hände sozusagen auf der Kante aufrecht stehen. Das sieht sehr erwachsen und kameradschaftlich aus und enthält eine Regressionsbremse, markiert die Gleichrangigkeit und wäre stimmig für eine Begegnung außerhalb der Praxis. Dies läßt sich leicht thematisieren, es ist nur wichtig, es taktvoll zu tun, denn es scheint in der Erwachsenenhand einen Widerstand gegen die Sehnsucht der Kinderhand nach Halt und Schutz zu geben. Man muß beachten, daß mit der Regression, mit dem körperlichen Eingeständnis der Hilfsbedürftigkeit, bei manchen Patienten eine Demütigung verbunden zu sein scheint. Gelegentlich habe ich diese Form des Händedrucks fehlinterpretiert als Zeichen eines möglichen Machtkampfes, und der könnte auch ausbrechen, wenn man den Widerstand gegen die Gefahren des Klein-Werdens nicht respektiert. Es mag gut sein, dem Patienten zu versichern, daß beide Anteile, das Kind und der Erwachsene, respektiert werden.

Eine andere Variante ist die, daß man sich als Therapeut mit seiner Hand plötzlich »in der Hand des Patienten« wiederfindet, mit der Empfindung, man selbst sei der Beschützte und Geborgene. Dies geschieht mit einer Selbstverständlichkeit, daß ich manchmal einige Sekunden gebraucht habe, um mich der anderen Rollen wieder zu vergewissern. Es sind stark parentifizierte Patienten, die uns dies anbieten oder mit großer inszenatorischer Kraft aufnötigen, und es ist sehr lohnend, von dieser körperlichen Evidenz überzuleiten auf die Art und Weise, wie sie einen oder beide Elternteile zu beschützen und zu stützen hatten. Es spielen natürlich auch Machtfaktoren hinein: Der Gewinn für die parentifizierte Ausbeutung des Kindes durch die Eltern waren seine Wichtigkeit und sein Gebrauchtwerden, offen oder verdeckt, die das Kind teilweise dafür entschädigten, daß es nicht wirklich Kind sein durfte.

Die körperliche Evidenz ist so groß, daß dem Patienten oft in wenigen Sekunden eine Art Bilanz seines lange Zeit undurchschauten Beitrags zum Familienerhalt aufscheint, der dann viel Stoff zum Durcharbeiten bietet. Denn die einzelnen Stationen der Rollenveränderungen und Rollenverkehrungen in der Familie wollen betrachtet und entziffert sein. Kann der Patient dann später seine Hand passiv und ohne weiteren Auftrag in der Hand des Therapeuten ruhen lassen, dann ist schon viel gewonnen. Die »gehaltene Hand« wird dann ebenfalls zur Modellszene.

Die Hand des Therapeuten kann mehrere symbolische Bedeutungen haben: mütterliche Hand, väterliche Hand, aber auch, viel abstrakter, das Urbild einer Hand, die hält; spirituelle Dimensionen können aufscheinen bei Menschen mit religiöser Erziehung, denen das Lied »So nimm denn meine Hände und führe mich ...« einst viel bedeutet hat. Dem Therapeuten auf diese Weise die Hand zu überlassen, bedeutet einen großen Schritt in eine unvertraute Nähe. Die Regression ist hier nicht so umfassend wie im Liegen, sie eröffnet aber, gerade wo das Sitzen im allgemeinen eher regressionseingrenzend ist, einen wichtigen Kanal zu einem Zurücksinken auf die Ebene früher Konflikte und Entbehrungen, die ohne diesen Halt nicht so leicht zugänglich wären. Es bleibt viel stärker bewußt, daß zwei Erwachsene sich gegenüber sitzen; das Arrangement gleicht vor der Berührung äußerlich dem des geselligen Gesprächs und des Meinungsaustauschs. Dieses Setting mit den damit verbundenen Gewohnheiten wird nun – besonders wenn sich bereits eine tragfähige therapeutische Atmosphäre gebildet hat – durchbrochen in Richtung einer plötzlich stärkeren Regression, die unmißverständlich das Kind anspricht.

Die Variationen für den Blickkontakt sind beträchtlich. In jedem Fall ist mit vielen Formen der Scheu zu rechnen, denen aber die Neugier und das Orientierungsbedürfnis entgegenlaufen. Und gleich einem inneren Organisator darf man ganz tief im Unbewußten den Wunsch des Patienten vermuten, mit den Augen auf denen des Therapeuten zu ruhen. Es handelt sich um eine in vielen Altersstufen des Kindes wirksame Modellszene, über die Augen mit der Mutter (in geringerem Umfang mit dem Vater) zu verschmelzen. Dies kann natürlich aus einem angemessenen Abstand heraus geschehen, aber die multimodalen Kontaktformen, mit denen das Kind eine stabile Beziehung aufbaut, verlangen nach der Kombination der verschiedenen Kanäle, in diesem Fall des Berührens und des Sehens aus relativ großer Nähe, zu denen noch das Sprechen hinzutreten kann. Im intensivsten Fall werden die drei Kanäle gleichzeitig wirksam; es läßt sich aber beobachten, daß die Patienten zur Erprobung zwischen den Kanälen wechseln und erst später das Zusammenspiel riskieren. Hier lassen sich dann auch am besten die einzelnen Formen der Affektkommunikation beobachten, wie sie Rainer Krause seit langem in subtiler Weise mit seinen Videoarrangements erforscht. Therapeut und Patient müssen in jedem Fall erneut herausfinden und sich averbal mitteilen, wer wie lange mit welcher Intensität in welche Richtung schaut. Denn beide brauchen auch Ruhezeiten. Der volle Blickkontakt, verbunden mit der nahen Berührung, führt in eine Innigkeit, die nicht unbegrenzt auszuhalten ist und die trotzdem wie ein Schatz in die Blickpausen hinübergenommen wird. Auch für den Therapeuten ist ein gewisses Training nötig, bis er sich sicher ist, dieser viel größeren Nähe gewachsen zu sein und dennoch dem Patienten seine gelassene und unverstellte Zuwendung geben zu können. Er spürt, daß der Patient dem

Blickkontakt eine Art Lebensessenz entnimmt, die weder durch Worte noch durch ein Schauen aus größerer Distanz zu ersetzen ist.

Allerdings muß wiederum betont werden, daß nicht alle Patienten diese Blick- und Berührungsnähe brauchen. Sie werden auch durch stärker symbolische »Gaben« erreicht. Es bleibt der Intuition des Therapeuten überlassen, ob und wie er eine Not spürt, die dieser therapeutischen Zusatznahrung bedarf. Aber ich bin sicher, daß sich dieser Mangel auch diagnostisch präziser fassen ließe. Mehr phänomenologisch würde ich vermuten, daß es Familien gibt, in denen Vermeidung von Blickkontakt nicht nur üblich ist, sondern eine unverzichtbare Form der Abwehr von Wahrnehmung und bedrohlichen Affekten darstellt, aber ebenso von der Angst vor Verschmelzung herrührt, weil es keine sicheren Ichgrenzen gibt. All dies hat erhebliche Auswirkungen auf den Aufbau der Ichstruktur und die Fähigkeit zu lebendigen Beziehungen.

Die Grundsatzentscheidung ist auch hier, ob der Therapeut willens und fähig ist, so viel Nähe auch für sich zuzulassen. Die Frage berührt seine eigene Arbeitsfähigkeit und sein Wohlbefinden bezüglich der polaren Einheit von Verschmelzung und Abgrenzung. Jede persönliche Entscheidung für eine dominante Ebene der Behandlungstechnik verdient Respekt. Denn auf ihr entfaltet sich individuelle Kreativität, und auf sie, verbunden mit der affektiven Echtheit, kommt es an.

Rücken an Rücken sitzend

Diese Interaktion möchte ich einleiten mit einer kurzen Fall-Vignette, die etwas über eine mögliche Indikation aussagt: Eine etwa vierzigjährige Sozialpädagogin, die in einem Heim für behinderte Kinder arbeitet, beklagt sich immer wieder, daß sie schon die geringste Kritik ihrer Kollegen so kränkt, daß sie erstarrt. Sie spüre die Kränkung wie eine Substanz in sich eindringen. Sie fühle sich ohne schützende Grenzen, sei oft brüsk oder trotzig, nur um ausreichenden Abstand von anderen zu halten, die sie sonst auffressen oder mißbrauchen könnten. Genauso gehe es ihr mit ihrem Freund, dem sie in Diskussionen und erst recht in Beschuldigungen nicht gewachsen sei. Sie sei dann auch so angestrengt und aufgeregt, daß sie schlecht schlafe und dementsprechend erschöpft sei. Mit ihr habe ich verschiedene Formen der grenzsetzenden Berührung erfolgreich erprobt. Natürlich geht es dann auch um Abgrenzung im geistigen und seelischen Bereich, aber diese bleibt instabil ohne die interaktionelle Basis der körperlichen Vorgänge, die zwischen Mutter und Kind fast zwei Jahre dominieren, bevor das Glück und manchmal auch das Unglück der Sprache und der Symbolisierung beginnen.

Ich habe bereits einiges geschrieben über das Bedürfnis nach Kontur und über die Wege dorthin. Ein gesundes Körperschema erfordert es, daß viele oder möglichst alle Körperteile die Erfahrung von Verschmelzung und Abgrenzung gemacht haben und daß diese Körperkonturen durch die unzähligen Interaktionen verinnerlicht wurden und bei Bedarf abrufbar sind, aber auch vorübergehend lustvoll fallengelassen werden können.

Eine breite Fläche mit intensiver Bedeutung für ein integriertes Körperbild ist der Rücken. Während die früher beschriebene Interaktion, bei der der Patient liegt und der Therapeut sich gegen seinen Rücken setzt, oft in größerer Regression stattfindet, bietet eine Berührung von Rücken zu Rücken im Sitzen eine größere Fläche und altersmäßig eine größere Spanne an möglichen Lebensphasen an, in denen »Rückhalt« vielleicht fehlte. Wenn ich diese Form der Begegnung anbiete – sie kann auf der Couch, auf dem Teppichboden oder auf einer Matte oder Matratze stattfinden –, nehme ich mir eine zusammengefaltete Decke, auf die ich mich setze, um auf jeden Fall etwas größer zu sein als der Patient. Ich erkläre ihm dies auch: Es soll klar sein, daß ich mich in der Elternrolle fühle, damit er so einen leichteren Zugang zur Kind- bzw. Patientenrolle findet. Dies hat bisher nie zu Schwierigkeiten geführt und erleichtert es ihm später auch, den Kopf in meiner Nackenmulde abzulegen, während wir sonst mit den Köpfen oder Schulterblättern aneinanderstießen. Doch dies greift schon vor.

Ich erkläre das Setting und setze mich auf die Decke, lade den Patienten ein, sich so zu setzen, daß er sich an meinen Rücken anlehnen kann. Manche kennen diese Position aus sportlichen oder familiären Zusammenhängen, andere tun sich schwer und landen umständlich auf dem Platz hinter mir, verbunden mit allerlei Rückfragen. Dann kommt die Erprobungsphase: wie sich mein Rücken anfühlt; in welchem Winkel ich zu dem seinen sitze; welche Kurven mein Rücken macht und ob er zu seinen Kurven oder Wölbungen paßt. Es dauert meist eine Weile, bis mein ganzer Rücken in Anspruch genommen wird. Er wird sozusagen Stück für Stück abgetastet und als Stütze genommen. Gelegentlich erfolgen Druckproben, um die Stabilität zu testen. Es braucht manchmal einige verbale Ermutigungen, wenn der Patient sich nicht einmal traut, die Stütze wirklich zu erproben. Man kann prozentual ungefähr abschätzen, in welchem Maß der Patient sich dem tragenden oder stützenden Rükken überlassen kann. Dann kann man ihm mitteilen, daß man spüre, wie sich sein eigener Halt und mein Halt in etwa die Waage halten, daß er die Kontrolle behalten wolle und man das respektiere, aber auch fragen, ob er die Prüfung nicht fortsetzen wolle.

Die meisten »landen« aber schließlich auf meinem Rükken, den ich leicht nach vorn beuge, wobei ich mich mit den Händen am Boden abstütze. Dann entfaltet sich für mich eine höchst differenzierte Landschaft, ein feines, bewegtes Muskelspiel und, beinahe unwillkürlich, als ob es ein Grundbedürfnis wäre, ein Reiben und Prüfen, Drücken und Maßnehmen und Kontursuchen. Dazwischen schiebt sich dann wieder das Bedürfnis nach Entspannung, Ausruhen und Verschmelzung, mit einer solchen Nähe, daß man auch als Therapeut vorübergehend das Gefühl für die Körpergrenzen verliert. Das heißt, die Regression des Patienten ist vorübergehend ansteckend und zieht uns mit, ohne daß es bedrohlich wäre; sie hilft uns sogar, die vorsichtige Gegenbewegung zu Autonomie und Abgrenzung einzuleiten. Und so kann dies in mehrmaligem Wechsel hin und her gehen. Der Schritt des größten Vertrauens ist es dann, wenn der Patient seinen Kopf »abgibt«, meist mit der Voranfrage, ob das erlaubt sei; aber man spürt: Die Frage geht eigentlich an die warnenden Introjekte, denn so viel geschützte Anlehnung war vielleicht nicht vorgesehen im bisherigen Lebensskript des Patienten. Gegen Ende der Interaktion oder der Stunde würde ich in jedem Fall eine Sequenz zur Abgrenzung und Trennung vorschlagen, die durchaus eingeleitet sein kann durch eine Einladung zum kräftigen, ja kämpferischen Reiben des Rückens, so wie wenn ein junges Pferd sich auf der Erde wälzt oder zwei Tiere sich beiseite drücken möchten.

Das Hin- und Herbewegen des Rückens ist auch für den Therapeuten belohend, es ist, als ob er eine Massage erhielte; aber seine Aufmerksamkeit bleibt doch auf den Patienten und dessen Rücken gerichtet, der sich jetzt vielleicht kräftig abstößt oder sich vorsichtig löst. In seinem Rücken hat sich ein Gefühl für die Oberfläche wie für die tiefere Muskulatur eingestellt, das bei einmaliger Übung natürlich noch nicht zu einem stabilen Körpergefühl führt, das aber doch einen Ansatz darstellt, der durch gelegentliche Wiederholung eine breitere Basis erhalten wird. Die Gefühle zwischen Patient und Therapeut sind bei dieser Interaktion weitgehend gutartig, das heißt, man stößt dabei selten auf haßerfüllte oder destruktive Affekte. Es ließe sich aber auch sagen: Ein Teil des Hasses wird aufgesogen durch das positive Erleben und in einer sehr nahen und warmen, nicht stark polarisierenden Begegnung abgeführt, die am besten durch den Ausdruck »Reibung« zu kennzeichnen ist.

Dies leitet zu Berührungsformen mit Patienten über, denen eine direkte Körperbegegnung als viel zu bedrohlich erscheint.

Mittelbare Berührung

Es gibt Patienten, die sich sozusagen von der Körperoberfläche, also von allen direkten Berührungsmöglichkeiten zurückgezogen haben; denen Berührung angst macht, weil ihre Folgen zu unheimlich sind: Verschmelzung wie Abstoßung, aber auch das Erleben des Totseins oder des Bedeutungsmangels der Berührung; plötzliche aggressive Impulse; oder die Macht, die eine Übertragungsfigur wieder bekommen könnte, wenn sie berühren darf – dies besonders bei Mißbrauch oder bei Gewalttätigkeit. Die schizoide oder traumatisierte Struktur ist unschwer zu erkennen.

Man kann dies zwar alles besprechen und deuten. Aber da die Ursachen sich im wesentlichen auf der Körperebene abspielten, haben Worte und das Nichteintreten von Katastrophen in der verbalen Beziehung keine ausreichende Beweiskraft. Es können aber Gegenstände in die Therapie miteinbezogen werden, die eine taktile Einwirkung spüren lassen, ohne daß es zunächst zu der gefürchteten körperlichen Berührung kommt. Bei diesen Formen der indirekten Berührung habe ich viel vom »Instrumentarium« der Konzentrativen Bewegungstherapie gelernt, deren Vertreter ich hiermit bitte, meine vereinfachten Anwendungsformen mit Milde zu betrachten. Es spricht und handelt ein Analytiker, der einige einfache Anleihen gemacht hat.

Eine besondere Bedeutung kommt dem Seil zu. Gelegentlich ist es der Fall, daß man den Eindruck hat, der Patient habe sich einerseits ziemlich weit weg gesetzt, blicke aber andererseits mit einer scheuen Sehnsucht zu uns herüber. »Sie konnten zusammen nicht kommen, das Wasser war viel zu tief.« In der Gegenübertragung taucht, wenn ich einmal das animalische Bild verwenden darf, ein Tier auf, das geschlagen wurde und sich doch nach Nähe sehnt und von dem man noch nicht weiß, ob es beißen wird oder gekrault werden will. Die Atmosphäre ist zusätzlich dadurch gekennzeichnet, daß bei diesem Stand der Dinge die innere Aggression des Patienten sich nicht in offener Wut gegen den Therapeuten wendet, sondern sich eher als Zweifel und Fluchtwillen gegen die Therapie richtet, aus einer Mischung aus Zorn, Verzweiflung und Resignation heraus, in der die einzelnen Affekte sich noch gar nicht klar trennen lassen. Ich betone dies, weil die Einführung eines verbindenden und zugleich trennenden Gegenstandes zwar meist den Gefühlszustand trifft, aber doch mit dankbarem Erstaunen, Befremden, Mißtrauen oder gar höhnischer Geringschätzung aufgenommen wird. Das Seil kann zunächst als eine List erlebt werden, die binden soll, wo ein Teil der Person doch der Flucht schon so nahe war. Später wird dann der gelungene »Trick« meist dankbar erinnert, weil er dem therapeutischen Erfindungsreichtum und der Sorge um die Behandlung zugeschrieben wird. Es handelt sich aber nicht um einen Trick, sondern um ein neues Beziehungsangebot, im dem die geballte Ambivalenz sich ausbreiten kann

Eine paradoxe Beziehungsform ist die »Nabelschnur auf Distanz«: Therapeut und Patient sitzen sich gegenüber und halten je ein Seilende in der Hand. Hier genießt der Patient die in den Händen spürbare Verbindung, die ihm nicht zuviel Nähe aufnötigt und die dennoch sichtbar und fühlbar ist. Sie erlaubt ihm sogar, gelegentlich die Augen zu schließen und dennoch die Verbindung zu halten. Denn für manche Patienten reißt die Beziehung ab, wenn sie den Therapeuten nicht mehr sehen, und obwohl ihnen nach einer »Sehpause« zumute ist, können sie sich diese Pause aus Angst vor ihrem oder seinem Verschwinden nicht erlauben. Dieser Sachverhalt führt manchmal auch dazu, daß uns Patienten mit unaufhörlichem Redestrom überschütten, dessen genauen Inhalten wir nicht mehr zu folgen vermögen, weil es ihnen nur darum geht, die Beziehung zu halten oder zu kontrollieren. Insofern führt das Seil bei einer nicht allzu ambivalenten Beziehung zwischen Patient und Therapeut zu einer Beruhigung, in der die Motive der Unruhe leichter geklärt werden können.

Es kommt dabei auch zu einem unmerklichen Ziehen am Seil, fast so, als sollte der Therapeut es nicht merken. Noch bevor man dies in den Händen spürt, läßt es sich an den Veränderungen des Bogens erkennen, den das nach unten durchhängende Seil bildet. Man muß dann entscheiden, wann man mit leichtem Anziehen antwortet, denn die ersten feinen Aktionen des Patienten mögen nur der Überprüfung des Seils, noch nicht einer Kontaktaufnahme gedient haben. Wenn es dann aber um Kontaktaufnahme geht, entsteht oft eine spielerische Atmosphäre wie mit einem kleinen Kind. Das wiederholte Ziehen am Seil kann auch so sacht sein, als hinge das Seil nicht zwischen zwei Händen in der Luft, sondern werde, fast tänzerisch schwebend, von den Bewegungen im Fruchtwasser getragen.

Ist die Ambivalenz des Patienten stärker, dann kann es zunächst zu einem wie gelähmten Verharren kommen, bevor neben den sanften auch die kämpferischen, manchmal destruktiven Varianten erprobt werden. »Destruktiv« ist es zum Beispiel, wenn ein Patient ruckartig am Seil reißt, so daß es einen Moment lang weh tut, sofern man nicht genau aufgepaßt und der eigenen Hand einen Bewegungsspielraum gelassen hat, der den Zug auffängt oder abmildert. Aber schon ein einziger Ruck, hinter dem eindeutig die Absicht steht, weh zu tun, reicht, um auf das Thema von Wut, Hemmung, Entgleisung, Haß und Ohnmacht zu kommen. Mit der Wut ist dann auf der Handlungsebene leichter umzugehen, etwa wenn sie sich in einem kräftigen Ziehen und Zerren ausdrückt, auf das sich der Therapeut ruhig einlassen kann. Es muß Regeln geben, und es muß auch deutlich sein, daß es sich nicht um ein erwachsenes, sportliches Kräftemessen handelt, sondern um einen exploratorischen Umgang mit sonst unbemerkten Handlungsimpulsen, die, wenn sie ihre frühe Körperform nicht entdecken dürfen, in entstellter Form Beziehungen vergiften können. Wichtig ist das Pendeln zwischen spielerischer Freude, ruhiger Verbundenheit und plötzlich aufflackerndem Ernst, währenddessen die Quellen der Wut ermittelt werden und den destruktiven Phantasien nachzugehen ist, mit denen die schlimmen Gefühle bebildert sind. In einem Fall, an den ich denke und bei dem die ruckhaften Bewegungen zunächst ziemlich schmerzhaft waren, stellte sich heraus, daß die dahinterliegende Gewalt mit erbitterter Wut gegen einen ewig bevorzugten Bruder verbunden war, und es war nicht weit von dort bis zur Phantasie, die mörderische Schlinge zuzuziehen.

Eine ähnlich indirekte Funktion wie das Seil hat eine knapp drei Meter lange Vorhangstange, die im Behandlungszimmer steht – zugegebenermaßen eine Zufallsentdeckung. Ausgestreckt zwischen Patient und Therapeut, zieht sie reichlich Phantasien und Bewegungsimpulse auf sich, von der Verbindungs- und Abschleppstange bis zum Speer, der auf die Brust gerichtet ist; vom In-Schach-Halten des Gegenübers mit einer Waffe, wobei zunächst offen ist, wer wen bedroht, bis hin zum gefährlich anmutenden Riesenphallus. Nicht unwichtig sind die kleinen, prüfenden Hin- und Herbewegungen, die eine Einübung in spielerische Wechselseitigkeit darstellen.

Faßt man als Therapeut mit beiden Händen das eine Ende der Stange, so kann man dem Patienten erlauben, mit großer Kraft gegen das andere Ende zu drücken und seinen Phantasien über eine noch unklare Wirkung, aus denen auch Mordphantasien werden können, freien Lauf zu lassen. Das Erstaunen ist oft groß, daß sie da sind, und die Rätselstunde ist eröffnet, zu welcher Zeit und unter welchen Umständen sie entstanden sind und wem sie ursprünglich gegolten haben. Man staunt immer wieder über die physische Evidenz, unter der ursprünglich für rein psychische Tatsachen gehaltene Affekte zum Vorschein kommen und nachträglich ihre Bilder finden.

Bei solchen körper-symbolisch aggressiven Aktionen (aber nicht nur bei diesen, es gilt genauso für die symbiotischen Blicke) ist es wichtig und fruchtbar, auf den Ausdruck der Augen zu achten. Auch in der Aggression gilt das multimodale Prinzip: Idealerweise wäre ein Angriff, und sei es ein rein verbaler, gepaart mit dem wütenden Blick auf den Gegner. Das gelingt vielen Patienten am Anfang nur selten. Entweder wird der Impuls blicklos vollzogen, oder die Wut oder der Haß schießen ohne jedes Bewegungssubstrat aus den Augen oder lauern darin. Dieser multimodale Aspekt fehlt auf der Couch sozusagen per definitionem. Der zweite Kanal wird dort in erhöhter akustischer Aufmerksamkeit gesucht, was zu der bekannten lauernden oder knisternden Atmosphäre im Behandlungszimmer führt. Besteht man darauf, daß der Patient beim Ausdruck von Wut Blickkontakt hält, dann spürt man, wie schwer ihm dieses »augenscheinliche« Bekenntnis zum Haß fällt. Gelingt aber die Verknüpfung von zwei oder mehreren Kanälen, dann entsteht ein Gefühl der Befriedigung, ja manchmal des Glücks, daß ein bisher diffuser, unkonturierter und vielleicht auch gefürchteter Affekt seine eindeutige Form findet und als Interaktion keine Katastrophe auslöst. Der Patient erlebt dies wie eine bestandene Mutprobe, und dem Therapeuten, aber auch dem Patienten ist zum Freuen, fast zum Feiern zumute. Das unbewußte Umfeld des Hasses zu erschließen ist dann wesentlich leichter; vor allem wird für den Patienten oft eine lange zurückgehaltene Kritik oder Unzufriedenheit ausdrückbar, die er bisher für zu verletzend hielt, um sie zu äußern: »Manchmal denke ich in der Tat, Sie sind ein Arschloch. Ein Besserwisser. Ein Klugscheißer. Einer, der sich einbildet, ein Durchblicker zu sein.« Die körpertherapeutische Vorarbeit hilft auch dem Therapeuten, eine manchmal ätzende Kritik mehr von der sportlichen Seite zu nehmen, ohne deshalb den Ernst der Sache weniger zu spüren. Zwischen der körpertherapeutischen Auseinandersetzung und der endlich zutage tretenden, vorher lange im Untergrund schwelenden Kritik besteht dann ein geheimer Zusammenhang: Beide sind Vertrauensbeweise.

Kampfspiele: Der Stierkampf oder Blinde Wut

Eine andere Form des Kampfes, um latente Wut, die in der rein verbalen Beziehung nicht offen zum Vorschein kommen darf, zu mobilisieren, ist eine Interaktion, die ich »Stierkampf« nenne. Der Patient wird eingeladen, seine Schläfen im Stehen so in meine Hände zu legen, daß er sich gut gehalten fühlt, wenn er mit seiner Kraft gegen mich vorgeht. Es ist wichtig, ihm vorher zu sagen, daß er auf seinen Nacken achtet, der mit dem Rücken und dem Kopf eine gleichmäßige Kurve bilden sollte, so daß es nicht zu einem schmerzhaften Abknicken kommt. Der Patient muß dazu den Kopf senken, wenn er aus seinem nach vorn gebeugten Körper Kraft holen will. Durch dieses Beugen des Kopfes kann der Therapeut mit größerer Kraft dagegenhalten, so daß er dem Patienten, auch wenn der sehr engagiert und auch zunehmend verbissen oder wütend kämpft, leicht Widerstand leisten kann. Es ist wiederum wichtig zu betonen, daß es nicht um Sieg oder Niederlage geht, sondern um sicheren Halt bei Anwendung der vollen Kraft.

Bei vielen Seminaren, in denen ich mit den Teilnehmern diesen Stierkampf zur Selbsterfahrung geübt habe, kam sehr häufig die Frage: »Was macht eine zierliche Therapeutin mit einem kräftigen Patienten, den sie vermutlich gar nicht halten kann?« Dazu ist zu sagen, daß es immer wieder erstaunlich ist, wieviel Kraft Therapeutinnen entfalten können, gerade wenn es darum geht, einen wütenden Mann zu »zähmen«. Auf der anderen Seite haben manche Therapeutinnen deutlich Angst vor männlicher Kraft oder befürchteter Brutalität, was sie veranlaßt, zu implodieren, wütend oder auch lustvoll aufzugeben und sich durch den Raum treiben zu lassen, bevor die eigenen Kräfte überhaupt erschöpft sind. In dieser »freiwilligen Schwäche« dürfte ein Gegenübertragungswiderstand zu vermuten sein: Die Therapeutin möchte aus einem noch unbekannten Grund nicht die Rolle der Widerstand Bietenden einnehmen. Es könnte sich aber auch um ein genuines Problem bei der Therapeutin handeln, die Angst vor der männlichen Kraft hat und es sich mit ihr nicht verderben will; oder um eine aus neurotischen Gründen »eingeübte« Schwäche, weil es in ihrer Kindheit und Jugend negativ sanktioniert wurde, Kraft zu haben. Auf der anderen Seite aber kann gerade diese Übung, vielleicht erst einmal mit Patientinnen erprobt, einen ganz neuen Zugang zum eigenen Körper und zur eigenen Kraft bieten. Es ist der Mut zu widerstehen, der hierbei gelernt wird.

Es gibt aber auch einige Hilfsmaßnahmen, die der Stärke des Therapeuten nachhelfen: Die eigene Kraft zum Haltgeben wird um gut ein Viertel bis ein Drittel verstärkt, wenn der Therapeut selbst mit einer Ferse Halt an einer Wand sucht und somit von einem »Dritten« Unterstützung erfährt. Wollte man diesen Mechanismus auf einen Übertragungsaspekt hin untersuchen, so würde man wohl bei der haltgebenden Wand auf Vater oder Mutter stoßen, die dem Kind im Therapeuten Mut machen und ihm Rückhalt geben, so daß der erwachsene Therapeut seine volle Kraft zur Verfügung hat. Auf jeden Fall hat es sich bei vielen Nachbesprechungen als sinnvoll erwiesen, zwar die Wand als Wand zu bezeichnen, aber doch symbolisch vom unterstützenden Dritten zu sprechen. Er hilft bei der Motivation zum Haltgeben und bei der Ermutigung zum Kampf mit dem Patienten.

Reicht die Ferse nicht aus, um genügend Stärkung beim Dritten zu holen, so ist es hilfreich, sich mit dem Po an der Wand abzustützen. Der Angriff des Patienten wird dann nur noch mit Oberkörper und Armen, nicht mehr mit den Beinen abgefedert, und der Therapeut hat noch einmal einen starken Zuwachs an Kraft erfahren. Aber eine zierliche oder sich körperlich schwach fühlende Therapeutin sollte diese Interaktion vielleicht nicht einem starken Mann anbieten, von dem sie annimmt, daß er sie »an die Wand drücken« würde. Die meisten Therapeuten und Therapeutinnen, mit denen ich diese Interaktion geübt habe, waren dankbar für den Zuwachs an Mut, verändertes Körpergefühl und die Erlaubnis zu kämpfen, die vor allem für Frauen in ihrer Kindheit und Jugend nicht selbstverständlich war. Aber auch unter den männlichen Therapeuten gibt es viele, die man nicht gerade als Raufbolde bezeichnen könnte, und auch sie sind froh, wenn sie einmal, in beiden Rollen, ihre Kampfkraft erproben können.

Ich habe bei dieser Übung bisher mehr vom Therapeuten als vom Patienten gesprochen, aus folgendem Grund: Die Interaktion erfordert einen kühnen Schritt in eine neue Form der Begegnung, bei der der Therapeut vorher nicht weiß, wie er reagieren wird; und er weiß auch bei den ersten Malen nicht, wie seine Patienten reagieren werden. Er ahnt, daß er selbst in eine kämpferische Nähe gerät; daß auch er außer Atem sein wird und daß zunächst nicht ganz klar ist, wie und mit welchen Gefühlen, in welchem körperlichen Zustand die Interaktion beendet wird. Die größte Unsicherheit besteht darin, ob er im Stehen und Halten und Widerstand-Geben nicht selbst in eigene jugendliche Raufboldgefühle gerät und ob er dabei seine leibseelische Verwurzelung im Elternkörper sicher halten kann. Deshalb wäre es gut, diese Interaktion (wie übrigens alle anderen auch) mit befreundeten Kollegen oder Partnern einige Male durchzuspielen, damit man weiß, mit welchen eigenen wie Patientenreaktionen man zu rechnen hat.

Auf der Seite der Patienten gibt es eine ganze Palette von Standardreaktionen:

Da ist zunächst der nur prüfende Kampf gegen die Hände, mit langsamer Steigerung des Drucks und des ehrgeizigen Schiebens, wenn ausgelotet ist, ob der Therapeut wirklich Halt gibt. Dann aber kann eine noch gutartige kämpferische Wut erwachen, verbunden mit (zunächst) stillen Sätzen wie »Das wäre doch gelacht!« oder stärker »Dich schieb' ich doch zur Tür hinaus!« oder noch stärker »Dich kleb' ich an die Wand!«. Damit sind wir schon bei der ganzen Bandbreite von Affekten zwischen sportlicher Kampfeslust, Wut auf ein menschliches Hindernis und Haß gegen ein inneres Objekt mit den damit verbundenen Kleinheits- und Größenvorstellungen. Diese waren sprachlich meist gar nicht präsent und oft in einem averbalen Pool von Modellszenen verborgen, die erst allmählich bewußt gemacht werden können. Ganz wichtig ist natürlich die wiederholte Frage: »Wer ist als Gegner aufgetaucht?«, um sich diesem später auch verbal zuwenden zu können. Der Übergang zum Rollenspiel und der direkten Begegnung mit diesen inneren oder auch äußeren Objekten (etwa dem Chef) liegt dann besonders nahe. Es kann aber auch sein, daß die Interaktion direkt als eine Illustrierung oder Verdeutlichung eines aktuellen Übertragungsstranges erlebt werden kann, der ohne die Erlaubnis zum Kampf nicht hätte manifest werden dürfen: vor allem dann, wenn sich durch das lange Verbot der Äußerung von Wut und infolge unbewältigter Kränkungen auch mörderische Phantasien herausgebildet hatten.

Damit habe ich von Patienten gesprochen, die das Setting spontan und produktiv annehmen können. Er gibt aber auch Menschen, die bei einem solchen Angebot auf die verdichtete Summe ihrer Niederlagen stoßen und eher mit tiefer Resignation reagieren; die nicht kämpfen können oder wollen oder deren Furcht, sich oder den Therapeuten zu verletzen, zu groß ist: »Ich kann Ihnen doch nicht böse sein!« oder »Ich kann doch nicht gegen Sie kämpfen!«, »Das kann ich Ihnen doch nicht zumuten!« oder einfach »Das kann ich nicht«. Alle Reaktionen ergeben viel Stoff für eine weitere Bearbeitung. In diesem letzteren Fall aber kann es ratsam sein, die Patienten zu ermutigen, es doch zu versuchen, und sehr oft erscheint dann, sozusagen am Horizont ihrer bisherigen Hemmung, eine vorsichtige Freude beim Kampf, und man erlebt erneut ein Stück Verführung zum Leben.

Eine andere Variante ist die: Der Patient kämpft nicht geradlinig nach vorn, sondern probiert Formen des spielerischen oder tückischen Unterlaufens der Regeln aus: durch rasches Drehen des Kopfes, durch den Versuch, den Therapeuten zu umlaufen, oder durch ruckartiges Stoßen nach Phasen trügerischer Ruhe. Es sind Patienten, meist jüngere Geschwister, die sich gegen Stärkere, Ältere, Brutalere nicht auf dem »normalen« Weg wehren konnten, sondern die trickreich oder sogar heimtückisch werden mußten, um sich dennoch durchzusetzen. Diese kindliche Konstellation hat dann sogar zu charakterlichen Verfestigungen geführt, von denen die Patienten triumphierend oder beschämt sprechen können. Sie erhalten hier auf der körperlichen Ebene ein Bild von der Entstehung oder der anschaulichen Wirkung eines Charakterzuges, der sonst gerne verborgen gehalten wird.

Manche Patienten ahnen oder wissen, daß die Summe ihrer Kraft von mehreren physikalischen Faktoren abhängt, einmal abgesehen von ihrer realen Körperkraft. Es geht um den Neigungswinkel von Kopf und Rücken. Je aufrechter ein Patient steht, desto weniger Kraft zum Vorwärtsstürmen kann er aus dem Boden holen, und es besteht die Gefahr, daß er nach hinten kippt. Am meisten Kraft entfaltet er bei einem mittleren Winkel, wenn der Kopf etwa in Höhe der Brust des Therapeuten ist. Durch diese Neigung vergrößert sich aber auch die Haltekraft des Therapeuten, der mit nach hinten ausgegrätschtem Bein dasteht. Manche Patienen senken – wie ein angreifender Stier – den Kopf noch viel tiefer, sind dabei aber entsprechend leichter zu halten. Allerdings ist es wichtig, wie die Schuhsohlen der Kontrahenten beschaffen sind. Da der Therapeut den Patienten zu halten in der Lage sein soll, sind glatte Ledersohlen ungünstig, weil man mit ihnen wegrutscht. Wenn Teppichboden vorhanden ist, kämpft es sich am besten in Strümpfen oder Socken; auf Holz am besten barfuß oder mit Gummisohlen.

Da der Patient den Blick meist auf den Boden richtet, handelt es sich sozusagen um blinde Wut, mit der man als stärkstem Affekt zu rechnen hat. Das bedeutet nicht, daß der Patient außer Kontrolle gerät; aber sobald er sich der Kraft des Therapeuten vergewissert hat, stürmt er ohne seine lähmenden inneren Hemmungen, die ja ebenfalls ein Charaktermerkmal geworden sein können, auf ihn ein. Man verabredet ohnehin zu Beginn, daß jeder der beiden Kontrahenten mit einem kräftigen »Stop« die Aktion beenden kann. Mit blinder Wut ist gemeint, daß der Patient den Gegner nicht sieht, sondern erst im Lauf der Aktion innerlich zu fühlen beginnt. Die Interaktion beginnt also relativ apersonal, sie sucht sich ihren Partner im Unbewußten, aus dem Reservoir von Objekten, mit denen es affektiv offene Rechnungen gibt. Die Übertragung auf den Therapeuten spielt natürlich auch eine Rolle, ist aber zu Beginn ebenfalls noch diffus. Es ist jedoch möglich, daß bisher unausgesprochene Kränkungen durch den Therapeuten auf dem inneren Bildschirm erscheinen und für ein Durcharbeiten zugänglich werden.

Manche Patienten kämpfen tief gebeugt, sozusagen geduckt, und mit wilder Verbissenheit. Nach den Hebelgesetzen sind sie gut zu halten, man merkt ihrem Kampf aber den bitteren Ernst an, so, als ginge es um ihr Leben; ein Kampf, den sie dennoch aus einer Position der Kleinheit, der kindlichen oder jugendlichen Ohnmacht heraus führen. In der Gegenübertragung spürt man vielleicht – neben der Kraftanstrengung – Mitleid oder Rührung, mit einem schmerzlichen Beiklang, weil man fühlt, wie sehr das Leben entweder hoffnungsloser Kampf war oder mit welch überhöhtem Kraftaufwand und begrenzter Wirkung es bisher bestanden wurde. Natürlich trifft dies nicht immer zu, einige waren im Lebenskampf bisher ganz erfolgreich, und manche Autorität hat sich in der Einschätzung ihrer Kraft getäuscht.

Der Moment der Beendigung des Kampfes ist wichtig. Er enthält ähnliche emotionale Aspekte wie die Interaktion »Mit dem Kopf durch die Wand« auf der Couch. Man sollte die Anstrengung und die Kraft des Patienten würdigen, auch seinen Mut zu kämpfen. Denn obwohl man einen erwachsenen Menschen vor sich sieht, den man mit viel Kraftaufwand gehalten hat, sollte man nicht vergessen, daß man eben doch vorwiegend mit seinem kindlichen oder jugendlichen Anteil in Verbindung stand. Das vergißt man um so leichter, je mehr man selbst außer Puste gekommen ist.

Die Beziehung ist durch den überstandenen Kampf gestärkt worden; sie hat sich als tragfähig auch für körperliche Aggression herausgestellt, und das erfüllt die meisten Patienten mit Staunen und Dankbarkeit. Für mich hat es sich als stimmig erwiesen, dem Patienten bei der Würdigung seines Einsatzes die Hand auf die Schulter zu legen, als körperliches Zeichen der Anerkennung wie der Bekräftigung, daß kein Schaden entstanden ist, daß wir im Gegenteil eine größere Nähe erreicht haben. Diese kann in der Nacharbeit wieder verschwinden, wenn neue Schübe von Übertragung auftauchen, aber sie bleibt als Erinnerungsbild erhalten, kann erneuert oder evoziert werden, wenn die Beziehung im Strudel einer negativen Übertragung bedroht ist. Damit ist nicht gemeint, daß jede negative Übertragung in einer Aktion aufgelöst werden könnte oder sollte. Die Körpertherapie befreit beide Partner nicht von der Aufgabe, mitunter auch langanhaltende negative Gefühle auszuhalten. Aber sie kann eine Reihe von Affekten kenntlich machen und manche verwickelten Unterströmungen auf ihr leibseelisches Fundament zurückführen. Das vielgeschmähte Moment der Katharsis ist schon deshalb wichtig, weil das Ich von einem Teil der aufgestauten Wut entlastet wird, mehr Energie und Freiheit zur Verfügung hat und erlebt, daß seine kontinuierliche und kräfteverzehrende Abwehrleistung nicht im gleichen Umfang beibehalten werden muß. Es handelt sich nicht um ein Unterlaufen der Abwehr, sondern um ein Einbringen der abgewehrten und als bedrohlich erlebten Affekte in eine haltende Interaktion.

Daß der Patient dabei stark außer Atem gerät, ist nützlich und sinnvoll, ist es für manche doch eine der wenigen Gelegenheiten, überhaupt einmal in Gegenwart eines beteiligten Zeugen tief durchzuatmen, wenn man es nicht gerade mit Jogging- oder Radsportfans zu tun hat, die ihren Sport ja aber meist auch alleine ausüben. Der Therapeut tut überhaupt gut daran, auf die Atemtätigkeit des Patienten zu achten, weil ihr Rhythmus und ihre Tiefe viel über das Verhältnis zu den Affekten und den Umgang mit ihnen aussagen. Während eines Kampfes läßt sich oft beobachten, daß der Atem »stockt«, was leicht ein Zeichen der Verbissenheit ist ebenso wie dafür, daß die Energiequelle Atem nicht mehr vital genutzt wird.

Am Anfang hat es mich, nach der Beendigung eines Kampfes, gelegentlich geniert, wenn auch ich schwer atmend auf meinem Sessel saß und mir abverlangen wollte, schon wieder – gelassen empathisch und zu konstruktiven Deutungen fähig – präsent zu sein. Inzwischen weiß ich, wie viel es manchen Patienten bedeutet, mich ins Schwitzen oder Keuchen gebracht zu haben; ja, für einige ist gerade dies der Lohn der Mühen, und sie genießen es, so viel Wirkung erzeugt zu haben. Dann erlaube ich mir oder uns die Minuten des Atem-Schöpfens, in denen so viel keuchende Solidarität zu spüren ist. Diese Minuten sind wichtig auch für meine langsame Rückkehr zu Ruhe und Empathie; sie sind ebenso wichtig für die Orientierung des Patienten: Er besichtigt, inmitten seiner eigenen aufgewühlten Gefühle, meine Rekonvaleszenz und freut sich an einem Einblick in sehr menschliche Vorgänge an einer geschätzten Person, die oft idealisierte Vorbildfunktion hat.

Auge in Auge

Nicht mit allen Patienten läßt sich diese Interaktion durchführen, weil sie, real oder phantasiert, Probleme mit dem Nacken haben oder gleich zu Beginn Schmerz verspüren oder Angst haben, sich zu verletzen. Dann schlage ich eine Variante vor, die es zudem erlaubt, Blickkontakt zu suchen oder zu halten. Der Patient wird eingeladen, mit beiden Armen und Händen gegen meine Schultern zu drücken und mich durchs Zimmer zu schieben. Mit meinen beiden Händen gebe ich an seinen Ellbogen ein wenig Seitenhalt. Dies ist insofern eine viel stärkere personale Übung, als die Gesichter sich ziemlich nahe kommen und sich jede Regung der Mimik und der Ausdruck der Augen ablesen lassen. Für die Kräfteverhältnisse gilt ähnliches wie beim Drücken mit dem Kopf. Die Kraftentfaltung ist freier, weil die manchmal realen, manchmal durchaus hypochondrisch anmutenden Ängste um den Nacken wegfallen. Manche Patienten sind durch ihren Blick oder das Gesehenwerden gehemmt, ihre Wutseite durchscheinen zu lassen, weil die ganzen Verbote für sie im Blick des Therapeuten konzentriert scheinen. Sie müssen wegschauen, um ihre Kraft zu entfalten. Dann ist die therapeutisch wichtige Entdeckung die: Von wessen Blick werde ich gehindert, meine Kraft oder gar Wut zu zeigen? Parentifizierte Patienten sehen die eigenen Eltern oft als schwach oder depressiv, was eine unmittelbar wirksame Lähmung der eigenen Kraft zur Folge hat. Andere sehen aber auch in der Übertragung ängstigende Strenge oder Brutalität im Auge des Gegners.

Wieder andere, in der Struktur verwandt, fangen an zu lächeln, wie um zu werben, zu besänftigen oder zu flirten. Dies ist eher bei Frauen als bei Männern der Fall, jedenfalls gegenüber einem männlichen Therapeuten. Man stößt bei der Nacharbeit auf Identitäten des Goldkindes, das das Familienglück zu garantieren hatte; auf das Lebensskript eines Vaterbräutchens, das heimlich die bessere Kind-Gattin zu sein hatte; oder auf die Struktur eines Kindes, das zur Besänftigung latenter Familienkonflikte gebraucht oder mißbraucht wurde. Das intensive Lächeln kann vollkommen unbewußt sein; in der Gegenübertragung spürt man kurz die Verlockung, auf dieses Lächeln dankbar als hilfreiches Geschenk einzugehen, bis man spürt, es steckt auch ein Stück falsches Selbst darin, durch das man sich umschmeichelt, aber auch betrogen fühlt. Die Aufdeckung der Funktion und Automatik des Lächelns löst vorübergehend Scham aus, bis dann die Bereitschaft im Patienten entsteht, Einblick zu erhalten in ein Lebensskript, das manchmal schon eine oder mehrere Psychotherapien überlebt hat.

Patienten mit »blinder« Wut, also einer solchen, die den beobachtenden und beobachtbaren Blick scheut, muß man immer wieder ermahnen mit Worten wie »Blickkontakt halten!«, »Herschauen!« oder »Augen aufmachen!«, und sie spüren dann, daß nicht nur ein neuer Bereich des Sehens und Gesehenwerdens vor ihnen liegt, sondern auch, mit welch automatisierter Dringlichkeit der Blick immer wieder abgewandt wird. Wenn die Vertrauensbasis gut ist, taucht dann meist eine gefürchtete mörderische Wut auf, und Scham und Verleugnung als Abwehr; auf der libidinösen Seite meldet sich ein oft genauso gefürchteter oder tabuisierter Wunsch nach Verschmelzung, ja nach einem Versinken in den Augen des Gegenübers; ebenso der Wunsch nach Anlehnung, Schutz und Geborgenheit, der nach der ersten Berührung übermächtig zu werden scheint. Das Drücken ist dann für solche Patienten nur ein anstrengender Schleichweg zu berührender Nähe. Dies kann man leicht spüren und den Hintergrund erfragen, wenn man merkt, daß sie kaum Kraft entfalten und den Blick aus Verlegenheit über die Intensität ihrer Wünsche abwenden. In einem solchen Fall würde man viel eher eine eindeutigere symbiotische Interaktion anbieten, damit die Last der Scham einmal abfallen und später in der Aufarbeitung aufgegriffen werden kann.

Frauen entdecken oft mit ungläubiger Verwunderung, wieviel Kampfeslust, aber auch Wut und Haß sie in sich tragen können, wenn sie erst einmal die Maske des Lächelns abstreifen. Sie kämpfen in der Regel sogar länger als Männer, weil bei manchen zum ersten Mal auch eine körperliche Wut über die verbreitete Benachteiligung in den Rollen der Frau durchbrechen kann. Bei einer Reihe von Fortbildungsseminaren wurde auch deutlich, daß diese Interaktion für viele Psychotherapeutinnen das erste körperliche Kräftemessen ihres Lebens war. Sie fanden in der Selbsterfahrung Gefallen daran und lagen sich, häufiger als die Männer, nach dem Kampf in den Armen.

Zunächst erproben die Patienten also den stabilen Halt, indem sie ihren Kraftaufwand langsam steigern, bis die eigene Hemmung an die haltenden Hände abgetreten ist, die den Affekten freundliche und stabile Grenzen setzen; erst dann können sich im Gesicht und im Blick auch die begleitenden Gefühle ausbreiten. Es beginnt meist mit einem noch prüfenden, freundlichen Blick, bis die Wut oder gar der Haß das Gesicht zeichnen oder sogar verzerren. Die Augen ziehen sich zusammen, die Stirnfalten vertiefen sich, die Nüstern weiten sich, und vor allem werden die Zähne gefletscht; man sieht animalischen Zorn, der mimisch unmittelbar ansteckt. Jedenfalls fletsche ich wie in einer Spiegelung selbst die Zähne, was dem Patienten den Affekt oft erst voll bewußt macht, zunächst in einem leichten Erschrecken, dann aber in der Erlaubnis, die meinem Gesicht entnommen wird. Der Patient spürt nun, daß es ein Einverständnis gibt: Ich halte ihn, während er seine archaischen Affekte zuläßt und erprobt; sie haben Platz in der Beziehung und sind nicht mehr zwangsläufig destruktiv, selbst wenn sich viele destruktive Phantasien um den aufgestauten Affekt herum angesammelt haben. Der ungeheure Kraftaufwand, mit dem sie normalerweise unterdrückt oder verdrängt werden, kann langsam nachlassen. Die ursprünglichen Kränkungen dürfen ans Licht kommen, und man kann in der Nacharbeit differenzieren, welche Affekte auf welcher psychischen und körperlichen Ebene angesiedelt sind. Denn viele Symbolisierungen haben sich weit entfernt von ihrem ursprünglichen leibseelischen Fundament, so daß die Affektquellen unkenntlich geworden sind und dauernd auf der falschen Ebene ihren Ausdruck suchen oder zu störenden Übertragungen im Alltag führen.

Das alles bedeutet natürlich nicht, daß es nicht auch Patienten gibt, die die Interaktion dankbar als einen sportlichen Kampf mit einer Vaterfigur erleben, die nicht so scheu, ängstlich, abweisend oder behindert ist, wie der eigene Vater es war. Entsprechendes gilt für die Beziehung zur Mutter.

Schlagen und Treten

Sehr viel angestaute Wut steckt oft in den Extremitäten. So weit wie möglich suche ich auch hier nach Lösungen, die deren Ausdruck in der direkten Beziehung erlauben. Dabei sind die Schaumstoffschläger, Batakas, hilfreich. Man kann mit ihnen sowohl einen Fechtkampf ausführen wie nach dem Körper des Gegners schlagen, ohne daß irgend ein Schaden entstehen kann.

Wichtig ist nur, die Brillen abzunehmen, bei Frauen nicht mit voller Wucht den Busen zu treffen. Aber der Therapeut spielt ohnehin mehr den defensiven Part, wenn nicht der Patient danach verlangt, daß der Therapeut ebenfalls mit vollem Einsatz kämpft. Die Bandbreite der Reaktionen auf die mobilisierten Affekte reicht von spielerischen Scharmützeln bis zu heftigem Schlagen, wobei es für den Therapeuten nicht schwer ist, vom Gesicht oder den Bewegungen abzulesen, mit welcher Form von Wut er es zu tun hat. Das Erstaunliche ist, daß neben der Aggression immer auch eine Festigung der Beziehung zu beobachten ist, weil der freie Ausdruck von Gefühlen in der Interaktion wie ein Geschenk erlebt wird. Das drückt sich nicht zuletzt aus in einem sich oft rasch ändernden Inhalt des Blickes, der zwischen Wut und Haß, Beobachtung des emotionalen Zustandes des Therapeuten und einer scheuen Sympathie, ja Begeisterung und Freude wechseln kann.

Gilt die Übertragung eindeutig einer für den Patienten erkennbaren frühen Person oder auch einem Haßobjekt aus der Gegenwart, dann hat der Therapeut zwei Möglichkeiten, damit umzugehen, deren erste allerdings einige Utensilien voraussetzt. Ich verwende mit Styroporkügelchen gefüllte Sitzsäcke, von denen ich mir einen vor den Bauch halte. Dann sage ich: »Ich stelle jetzt einmal diesen negativen Vater oder diesen quälenden Lehrer dar, und Sie zeigen ihm Ihre Wut.« Hierauf prüfen die meisten Patienten, ob das Setting brauchbar und stabil ist, und dann vermögen manche loszuschlagen und sich mit ihrer Wut auseinanderzusetzen, wobei ich im Verlauf frage, ob sie die Schläge mit Worten oder Sätzen begleiten können. So werden blinder Affekt und verbalisierte Wut, und vor allem Begründungen dieser Wut, zusammengefügt. Dieses Zusammenbringen von körperlicher Wut und verbaler Attacke wird von den Patienten als Erfolg und als ein vorsichtiges Aufheben von Spaltungen erlebt. Denn nicht nur hatte sich oft die körperliche Seite der Wut von der verbalen getrennt; sondern gerade ihr Zusammenkommen war meist tabuisiert und gefürchtet worden. Die körperliche Wut mußte unterdrückt oder in Verspannungen und anderen Somatisierungen gebunkert werden, und auf der psychischen Seite kam es zu unendlichen, aber wirkungslosen Rachephantasien, ähnlich jenen Kränkungen, die uns unaufhörlich heimsuchen mögen, ohne nachzulassen und ohne daß die destruktiven Phantasien je wirkungsvoll umgesetzt werden können.

Voraussetzung ist, daß der Patient meine Rolle als vorübergehend negative Figur versteht, was die meisten tun. Mit psychotischen Patienten habe ich keine Erfahrung, ich würde aber viele dieser Interaktionen mit ihnen nicht anwenden.

Sehr förderlich ist es, ebenfalls nach Ankündigung, der geschlagenen Person meine Stimme zu leihen. Albert Pesso nennt dies »akkomodieren«. Es bedeutet, daß ich in der Stimme den Schmerz ausdrücke, den die Schläge dem Opfer bereiten sollen. Nach kurzem Befremden erleben die Patienten meine Stimme als einen Ausdruck für die Wirksamkeit ihrer Wut; die Genugtuung über die Rache ermutigt sie, auf der Suche nach dem adäquaten Ausdruck ihrer Kränkung weiterzugehen, bis sie den Eindruck haben, sie hätten sich elementar und angemessen gerächt. Dabei versuche ich auch, sie zum Blickkontakt mit mir zu bewegen, was eine vorübergehende Übertragungsspaltung bewirkt: Ich halte das Setting und bin der Therapeut, und vorübergehend bin ich zudem in der Rolle dessen, der sie verletzt hat. Der Blickkontakt nötigt sie, ihre Wut für den Gegner sichtbar zuzulassen, ihrem Tun also ins spiegelnde Angesicht zu schauen und die Verantwortung zu übernehmen, nicht nur einer blinden Wut zu folgen, sondern auch vor einem Zeugen ebenso wie vor dem Opfer dazu zu stehen.

Da mir nicht immer nach so viel Aktivität und Standhalten zumute ist, biete ich manchmal einen solchen Sitzsack ohne meinen Körper und meine Stimme an, lasse den Patienten ihn holen, aufstellen und zum negativen Vater oder zur negativen Mutter erklären. Ohnehin ist oft das Rollenspiel mit vorgestellten Personen der Ausgangspunkt für eine körperlich ausgedrückte Wut.

Beine und Füße

Im Prinzip kann fast jeder Körperteil angestaute Wut, aber auch andere Affekte in sich tragen oder als Ausdrucksorgan für Gefühle dienen, ganz besonders aber Beine und Füße. Bei den meisten Patienten läßt sich der Ort der Aggression ahnen. Trotzdem ist es sinnvoll, immer wieder zu fragen: »Was spüren Sie im Körper?« und »Wie äußert sich dieses Gefühl oder der Bewegungsimpuls?« Am ehesten zeigt sich die aufgeladene Energie, wenn der Patient sich im Rollenspiel mit einem leeren Stuhl oder einem Sitzsack als vorgestellter negativer Person aus der Kindheit oder als Wut- oder Haßobjekt der Gegenwart auseinandersetzt. Natürlich kann der Ausgangspunkt auch in einer sich zuspitzenden negativen Übertragung auf den Therapeuten liegen, dessen negativer Teil manchmal auch externalisiert werden kann oder muß, wenn der Patient noch fürchtet, in einer direkten Attacke die Beziehung oder den Therapeuten selbst zu zerstören.

Der Therapeut muß spüren oder erfragen, ob der bis dahin verbale Ausdruck von Wut angemessen ist oder vielleicht eine körperliche Form finden will. Hier braucht es oft Ermutigung, weil für viele Patienten der Ausdruck körperlicher Wut gegen eine Elternfigur oder eine andere Person, zu der eine Beziehung der Kränkung oder Demütigung oder des Mißbrauchs dominiert, bisher undenkbar war.

Wenn ich mir einen der Sitzsäcke vor den Bauch halte, kann ich den Patienten ermuntern, mit voller Kraft gegen den Sack zu schlagen, zu treten oder mit dem Knie zu stoßen. Auch hier gilt es, hin und wieder zum Augenkontakt zu ermutigen, damit es nicht bei blinder Wut bleibt, sondern der Patient die Verantwortung übernimmt vor einem Zeugen und vor dem gespielten Opfer seines Zorns.

Manchen Patienten gelingt dies bald, manche schlagen oder treten matt und wollen resignieren, etwa mit den Worten: »Es hat ja gar keinen Zweck!« oder »Das ist ja doch nur ein Sack!«; »Er (oder sie) hört und fühlt es ja gar nicht!« oder »Das ist doch nur Theater!«. Es ist nicht immer leicht, sich der Ansteckung durch das Ausmaß von Resignation zu entziehen. Aber selbst matte Schläge oder Tritte setzen eine sachte Bewegung in Gang; der Patient trägt die Szene mit sich fort, sie zieht vielleicht als Bild oder als neues Setting Phantasien oder Affekte auf sich; es mag der Ehrgeiz erwachen, in dieser Art der Interaktion zu bestehen, oder eine zusätzliche Kränkung verdeutlicht ihm seine Wut. Nach einer Weile möchte er es dann aus eigenem Antrieb erneut versuchen, oder er folgt einer weiteren Ermutigung; und es gelingt ihm vielleicht schon etwas besser. Wichtig ist, daß vom Therapeuten kein Leistungsdruck ausgeht. Denn die Patienten erleben ihre Muskulatur zum Ausdruck von Wut als gelähmt, gar nicht mehr benutzbar, und es bedarf dann längerer Arbeit an den Widerständen und an der Erkundung der Zeit und der Atmosphäre, in der sie diese Art von möglicher Lebendigkeit im Ausdruck aufgegeben und Teile ihres lebendigen Selbst verloren haben.

Ein schwieriger Punkt ist der: Manche Patienten haben frühe Wut, die keinen Ausdruck und keine Abfuhr, auch keine liebevolle Eingrenzung gefunden hat, in Verachtung, Häme oder Sarkasmus verwandelt. Diese Gefühle heben den Patienten eine oder mehrere Etagen über den Kontrahenten hinaus, aber um den Preis, sich von einer vitalen Beziehung fernzuhalten und nur noch folgenlose, heimliche Überlegenheit zu spüren. Die zwar verfeinerten, aber auch pervertierten Affekte können ebenfalls ins Lebensskript eingehen und das soziale Leben außerordentlich erschweren. Es ist also sinnvoll und notwendig, diese entvitalisierten oder gar ins Negative sublimierten Gefühle als Abkömmlinge ursprünglich lebendigerer, aber auch bedrohlicher Affekte zu deuten, die durch einen Besetzungsentzug und eine Umformung entstanden sind.

Der körpertherapeutische Zugang zu diesen Gefühlen eröffnet sich am leichtesten, wenn man den Patienten ermutigt, den Gegner mit Füßen zu treten, auf ihm herumzutrampeln oder ihn, während er bereits auf dem Boden liegt, durch den Raum zu kicken. Man steht erstaunt vor der Verwandlung von kalter Verachtung, die sozusagen zum Zufluchtsort der gedemütigten Seele geworden ist, in mörderische Wut, die sich noch steigert, wenn dem Patienten deutlich wird, in welchem Ausmaß sich aus früher Verletzung ein problematischer Charakterzug herausgebildet hat. Auch hier ist es sinnvoll, die wiederkehrende Wut durch Akkommodieren zu begleiten. Manchmal kann man auch erschrecken über die grausamen Vernichtungsphantasien, die da hochkochen. Dann ist es wichtig zu betonen, daß diese Wut dem negativen Teil der Person gilt, nicht der ganzen; denn auch grausame oder demütigende Eltern und weitere Personen haben noch andere Aspekte, und man sollte darauf achten, daß in der vorübergehenden Überschwemmung durch Haß nicht das ganze innere Objekt zerstört wird. Im Gegenteil: Nach dem Haß wird der Blick wieder frei für die positiveren Züge der Personen, aber es ist wichtig für den Patienten, daß er die negativen Aspekte hassen darf, ohne den liebenden Teil zu verlieren. Manche Patienten messen wie mit der Goldwaage die Worte des Therapeuten: ob er nicht viel zu früh zur Versöhnung bläst und zum Verstehen führen will, wenn der Haß noch gar nicht in seiner vollen Dimension zum Vorschein gekommen ist.

Nicht alle Wut- und Haßaffekte müssen in der Übertragung ausgehalten werden. Sie wären oft zu bedrohlich für die therapeutische Beziehung, deshalb ist es ratsam, immer wieder den Übergang zur szenischen Interaktion mit vorgestellten Personen zu wählen. Der Therapeut fungiert bei diesen Haßausbrüchen wie ein Regisseur, der das Drama der körpertherapeutischen Entladung und Durcharbeitung, vor allem bei stark negativen Affekten, strukturiert, anleitet, steuert, ermuntert und dennoch genau auf das Maß des für den Patienten »Zumutbaren« achtet.

Die Grenzen dieses Zumutbaren erweitern sich aber, wenn der Patient verstanden hat, daß der Therapeut als Fachmann für starke leibseelische Affekte zur Verfügung steht, auf sich selbst aufpaßt und abschätzen kann, wie weit der Patient in einer Stunde gehen mag. Grundprinzip bleibt, die Affekte wie die Abwehr näher an ihrem leibseelischen Ursprung zu erfassen und mit ihnen umzugehen.

Kampf mit Schultern, Po und Brust

Kräftemessen mit den Schultern

Als Kampfspiel im Stehen eignet sich auch folgendes Arrangement, das in Übertragung und Gegenübertragung eher auf der Geschwisterebene angesiedelt ist. Der männliche Therapeut nimmt dann die Rolle eines älteren Bruders ein, der dem jüngeren zeigt, wie man den Körper kämpferisch nutzen kann. Denn der Therapeut hat hier weniger Halt und Eingrenzung zu bieten als vielmehr ein Gegenüber, das ebenfalls kämpft, wenn auch verhaltener oder defensiver, und das die Vorgänge beim Patienten beständig beobachtet.

Die Kontrahenten stehen nebeneinander, Schulter an Schulter, mit Blick entweder in dieselbe oder die jeweils entgegengesetzte Richtung, und messen ihre Kräfte, indem sie einander mit den Schultern seitlich wegzudrücken versuchen. Oft werden dabei Varianten gesucht, die mehr Kraft zu verleihen scheinen. So senken manche Patienten die Schulter, um den Druck tiefer anzusetzen, oder sie machen ruckartige Seitenbewegungen und ähnliches. Man stößt also auch hier auf verschiedene Kampfformen, die gleichsam unterschiedliche Haltungen im Umgang mit Kraft aufzeigen. Es läßt sich leicht feststellen, ob der Kampf mit sportlicher Freude stattfindet oder eher im Bereich der Themen Wut, Haß, Unterlegenheit, Überlegenheit, Kränkung, Schwäche- oder Größenphantasie oder aber von liebevollem Reiben am Therapeuten und damit der Suche nach Kontur und innerem Körpergefühl bestimmt wird.

Diese Form der Auseinandersetzung wähle ich viel häufiger mit männlichen Patienten; auf Seminaren habe ich allerdings festgestellt, daß Frauen den Kampf ebenfalls sehr genießen können, zunächst unter sich, dann aber auch mit männlichen Partnern. Weibliche Therapeuten sollten daher am Anfang diese Interaktion eher Patientinnen anbieten, um langsam herauszufinden, was das therapeutische Kämpfen oder Kämpfenlassen mit ihnen macht. Da nach meiner Erfahrung ein Kampf mit männlichen Patienten die Solidarität erhöht und ein Fenster zur körperlichen Identifizierung öffnet, wird dies wohl auch für den liebevoll-wütenden Kampf zwischen Frauen gelten. Für die Beendigung hat es sich immer wieder als günstig erwiesen, nach dem Kampf dem Patienten eine Hand auf die Schulter zu legen und zu signalisieren, daß der Kampf gut und mutig geführt war, wenn dies dem Gefühl des Therapeuten entspricht. Im anderen Fall wird man bearbeiten, auf welche Hemmungen und Ängste, aber auch auf welche noch schlummernden Formen der Auseinandersetzung der Patient gestoßen ist.

Kampf mit dem Po

Wenn man sich Mutter oder Vater mit kleinen Kindern vorstellt, ist ersichtlich, welch eine eminent wichtige Kontaktfläche der Po ist. Über Jahre sitzt das Kind auf dem Arm oder auf dem Schoß; der Po ruht in einer Hand, später auf einem Bein; er wird gestreichelt, getätschelt, gesalbt oder trockengelegt und manchmal auch geschlagen. Es gibt also eine oder mehrere Modellszenen der Interaktion zwischen Mutter- oder Vaterkörper und Kinderpo. Alle diese intensiven, meist zärtlichen, haltgebenden, aber auch kämpferisch getönten Beziehungsformen verschwinden im Untergrund, bis sie, durch die Latenz und die Tabuisierung des Hinterteils meist verzögert, in der leidenschaftlichen Erotik, aber auch in anzüglichen Bemerkungen oder in der Versuchung zu Übergriffen gegenüber Frauen im engen Rock wieder zum Vorschein kommen. Ich halte die Einbeziehung des Pos bei manchen Patienten für wichtig, wenn ich den Eindruck habe, eine besondere Starre im gesamten Becken oder eine übergroße Scheu, überhaupt über anale Themen zu sprechen, deute darauf hin, daß hier eine besonders starke Abwehr oder Tabuisierung am Werk sei.

Dann lade ich die Patienten – auch hier eher, wenn auch nicht prinzipiell männliche – zum Kampf mit dem Po im Stehen ein. Diese Kontaktform führt, wenn sie nicht verbissen ausgeübt wird, sehr rasch zu Schabernack, Gelächter und Freude, weil etwas versunken Lustvolles zum Vorschein kommt, ohne daß die Gefahr der Sexualisierung besteht. Aber eine verhaltene, zärtliche Form der Erotisierung ist durchaus feststellbar, und sie darf auch sein, denn sie verbindet die kindiche Lust und Geborgenheit mit dem erwachsenen Staunen, daß der Po eine lebendige Kontaktfläche und ein Kampforgan sein kann. Der Spaß erreicht meist seinen Höhepunkt, wenn ein Partner versucht, seinen Po unter den des anderen zu schieben, um ihn so anzuheben und aus dem sicheren Stand zu befördern, und wenn dann beide Partner gleichzeitig versuchen, diesen Trick anzuwenden. Diese Interaktion brachte in meinen Therapien ein Maximum an Spaß und Spielfreude, und in der Nacharbeit läßt sich mit viel mehr gemeinsamer Erfahrung über Tabuisierungen, über Scham, Ekel, aber auch über Spielfreude, Schabernack und Körperlichkeit in den Herkunftsfamilien sprechen.

Brust gegen Brust

Eine andere Form des Kampfes ist die von Brust zu Brust, die ich fast nur mit Männern verwende: Beide Partner stehen Brust an Brust, der Patient wird eingeladen, den Therapeuten wegzudrücken, ohne die Hände zu benutzen. Dieses ungewöhnliche Angebot von kämpferischer Nähe löst zunächst Verwunderung aus, weil es meist absolutes Neuland bedeutet. Die Übung gehört deshalb auch in eine spätere Phase der Therapie, wenn es eine ausreichende Vorerfahrung in körperlicher Begegnung gibt. Eine ungefähr gleiche Körpergröße ist ebenfalls wichtig. Aber dann kommt es zu einem Kampf in großer Nähe und Verbundenheit, bei dem Kraft oder auch Wut und Verschmelzung nahe beieinander liegen. Therapeutisch oder »affektpsychosomatisch« gilt es auch zu unterscheiden zwischen der Außengrenze der Brust und dem Innenraum, den viele Körpertherapeuten als den »Herzraum« bezeichnen und der nicht nach Kampf, sondern nach Annäherung strebt. Deshalb ist für die Außengrenze oft auch von »Brustwehr« oder »Brustpanzer« die

Rede. Gekämpft wird also mit der Brustwehr, die in ihrer Verhärtung gerade der Abwehr von Gefühlen dient. Aber die Nähe des Herzens führt zu einer Veränderung in der Anordnung der Affekte: Es dauert meist nicht lange, bis die Wangen sich berühren. Das Phänomen, das sich dabei zeigt und das ich auch in anderen Interaktionen für wichtig halte, nenne ich liebevolle Gewaltsamkeit. Sie richtet sich gegen die destruktiven Phantasien, die mit verbotener Kraft und mißglücktem Kampf verbunden sind, und ruft meist die eventuell leidvolle Körper-Geschichte mit dem Vater oder mit Brüdern herauf und die tiefe Sehnsucht, in einer Modellszene in der Regression eine neue Verbindung von Kraft, Nähe, Wut, Verschmelzung, Kontur und sicherer Grenze zu finden. Der Patient spürt bei der hier großen Nähe seinen Atem und den des Therapeuten. Jeder fühlt das Keuchen des anderen und die Gleichzeitigkeit von Kampf und Nähe an der Brust und von Zärtlichkeit an der Wange. Meist endet die Interaktion mit einer Umarmung, dem Ausklingen der Anstrengung und der Rückkehr zum ruhigen Sprechen über das Erlebte.

Spielende Hunde

Diese Interaktion dient ebenfalls der »Wiederbelebung« von depressiven Patienten oder solchen, die in ihrer vitalen Spielfreude stark eingeschränkt sind. Die beiden Partner gehen auf die Knie und Hände hinunter und beäugen sich erst einmal. Die Verwandlung der Beziehung ist überraschend, belustigend oder auch leicht ängstigend. Schon daß man den Kopf leicht heben muß, führt auf Neuland. Der Nacken wird stark fühlbar, und auf der inneren Bilderwand läuft ein Screening ab, bei dem viele Situationen, Erfahrungen, Freude und Schmerz solcher frühen Kampf- oder Tobereierfahrungen überprüft werden. Daß sie in vielen Fällen auch negativ waren, erklärt das Zögern. Auf der anderen Seite ist es möglich, daß der Patient an vergessene oder tief verdrängte Szenen anknüpfen kann, die zum verlorenen Pool lustvoller Interaktionen etwa mit dem Vater oder auch anderen Personen führen.

Denn oft werden positive, freudige oder gar begeisternde Beziehungsfragmente mit Personen der Kindheit und Jugend verdrängt, weil sie nicht in die spätere Leidensgeschichte passen. Sie erscheinen uns im Rückblick sogar als schädlich, bedrückend oder demütigend und sind entwirklicht, weil ihr Bild von uns negativ vereinheitlicht wird. Und wenn die seelische Störung gravierend geworden ist, so stehen die zu beklagenden Eigenschaften der frühen Personen so sehr im Vordergrund, daß wir den frühen Jubel vergessen wollen. Jeder verantwortungsvolle Therapeut weiß, daß es mit zu seinen Aufgaben gehört, in seinem Innern einen Platz zu reservieren für die positiven Seiten der frühen Figuren, weil von diesen Reserven auch ein Weg zu den kreativen oder ermutigenden Ressourcen des Patienten führt. Deswegen scheint es mir so wichtig, in den Interaktionen auch »Köder« auszulegen für die frühen Formen freudiger Beziehungserlebnisse. Sie helfen später, den Zugang zu einer versöhnlichen Haltung zu finden, die dennoch kein fühlbares, moralisches Programm der Therapie sein darf, weil der Patient den Therapeuten sonst als Verbündeten der noch immer als schädlich erlebten Elternfiguren sieht. Wenn man einige Male den bitteren Vorwurf gehört hat, man verstehe die Eltern besser als das Kind, dann wird man wachsam für einen Ablauf des Prozesses, der dem Patienten die Freiheit läßt, seinen Zorn, Haß und Verachtung erst einmal in vollen Zügen zu erleben. Das gleiche gilt auch für seine Liebe und Bewunderung, die ebenfalls nicht gezeigt oder gar artikuliert werden durften. Diese Fragmente der Liebe, die zu äußern gefährlich war und die also keinen Adressaten fanden, bilden einen kostbaren Schatz. Bert Hellinger hat gerade diese nicht zum Ziel gelangte Liebe ins Zentrum seiner Behandlungspraxis gestellt.

Manches kann gegenüber den die positiven Aspekte der Eltern darstellenden Kissen oder Stühlen ausgedrückt werden, manches darf dem Therapeuten gezeigt werden. Wenn ich eine so angestaute Zuneigung und Bewunderung geschenkt bekomme und die Angst spüre, sie könnten noch einmal beschädigt, zurückgewiesen oder mißbraucht werden, dann sage ich: »Ich betrachte diese Gefühle als kostbare Leihgabe, mit der ich sorgsam und dankbar umgehen will, und wenn Sie sie eines Tages zurücknehmen wollen, dann soll das so sein. Die Gefühle haben einige Jahrzehnte gewartet, bis sie sich in einem geschützten Raum wieder zu zeigen wagen.«

Warum diese Ausführungen in einem Abschnitt über spielende Hunde? Einen Grund habe ich bereits angedeutet: Wenn der Therapeut den Weg öffnet zu früher kindlicher Lebensfreude, dann schenkt er dem Patienten entweder ein Stück Neubeginn, oder er verhilft ihm zum Anknüpfen an versunkene positive Erlebnisse, die dieser für immer verloren glaubte oder von denen er gar nichts mehr wußte oder wissen wollte.

Aber wie spielen die Hunde? Sie umkreisen sich schnuppernd und beäugen sich; sie prüfen den Abstand, die eigenen Bewegungen und die des andern; sie nehmen irgendwann Kontakt auf, mit dem Kopf, mit der Schulter, mit den Hüften; sie fangen an zu knurren und erproben Formen des Imponierens wie der Zärtlichkeit; sie versuchen, den anderen wegzuschieben, zu umgehen, ja unter ihm durchzulaufen; sie drücken mit der Stirn, frontal oder von der Seite, oder stemmen sich mit den Schultern gegen den anderen, fangen schließlich an zu bellen und zu jaulen, stürzen sich in einen ernsthaften Kampf und versuchen auch wieder, sich zu besänftigen. All dies kann oder muß manchmal in langsamen Schritten erprobt werden, und es mag sich auch, zum leichten Schmerz des Therapeuten, herausstellen, daß der Patient nur befremdet vor dieser Interaktion steht, entweder weil der Zugang zu tief verschüttet ist oder weil die Beziehung sie noch nicht trägt. Es gehört zur analytischen Körperpsychotherapie dazu, daß wir uns körperlich und seelisch mehr aussetzen und durch eine Zurückweisung etwas stärker tangiert werden als durch die Zurückweisung einer rein verbalen Deutung, selbst wenn man durch die wachsende Intuition meist davor bewahrt wird, grobe Fehler zu machen. In der Regel wird man, wie vielfach betont, eine Interaktion vorschlagen, ankündigen, ausphantasieren lassen. Aber gelegentlich ist auch eine Überraschung gut, etwa mit den Worten: »Kommen Sie, ich möchte Ihnen eine bestimmte Form der Beziehung zeigen, die uns helfen könnte, an diesem Punkt einen neuen Schritt zu machen.«

Geschütztes Sitzen

Eine wichtige Form für das Kleinkind, die Welt schauend zu erkunden, besteht darin, daß es auf dem Schoß der Mutter sitzt, von ihr gehalten (später wird es den Halt eher zurückweisen), und seine nächste Umgebung betrachtet. Manchmal deutet es auf Gegenstände, und die Mutter oder der Vater nennen ihm die Bezeichnungen oder apportieren das Gezeigte. Am liebsten verfolgt das Kind bewegte Gegenstände, Menschen oder Tiere oder Mobiles. Es handelt sich wiederum um eine elementare Modellszene, die für das Kind eine vielfältige Bedeutung hat: Rückhalt, Schutz, Anlehnung, Ermutigung, Aufklärung, Belehrung und viele spielerische Bewegungen, verbunden mit einem Erkunden der Welt. Diese Modellszene mit den dazugehörigen affektiven Erlebnissen läßt sich wiederum simulierend anbieten, wobei die Berührungsreize die Regression einleiten und steuern können, immer verknüpft natürlich mit den zugehörigen Hemmungen und Abwehren, Ängsten und Freuden.

Zunächst die vorsichtigere Version: Der Patient wird ermuntert, sich auf den Boden zu setzen und sich mit dem Rücken an die Beine des Therapeuten anzulehnen. Dies ist eine für ihn noch ungewohnte Perspektive mit dem Blick in den Raum, die Seiten offen und ungeschützt und am Rükken die nicht gerade weichen Schienbeine und Knie des Therapeuten. Es dauert eine Weile, bis er sich zurechtgerückt hat und »Fühlung aufnehmen« kann. Man könnte die Interaktion am besten als »vorsichtiges Sich-Anlehnen« bezeichnen, weil es sich erst einmal um ein Erproben von Gefühlen und Empfindungen handelt. Der Patient hat den Eindruck, sich in seinen Sehnsüchten noch nicht sehr stark preiszugeben. Obwohl er sitzt, kann er sich noch auf dem Absprung fühlen. Er sieht den Therapeuten nicht, fühlt ihn nur, prüft die Haltbarkeit der angebotenen Stütze und kann reden oder schauen, schweigen oder fühlen und das Arrangement auf sich wirken lassen. Für manche Patienten ist dies genug der Nähe und der Unterstützung, sie fühlen sich wohl und sind dankbar für die unerwartete »kleine Modellszene«, wie ich sie nennen würde; sie wissen ihre Freiheit respektiert bei vorhandener, wenn auch karger Anlehnung. In der Gegenübertragung erscheint der Patient als ein eher scheues Kind, das zunächst einmal nur auf einem schmalen körperlichen Kanal kommuniziert und sich mit einer reichlich harten »Substanz« von Unterstützung zufrieden gibt, die sich noch recht apersonal anfühlen kann. Andererseits kann sich die Interaktion, die bis dahin weitgehend unbewegt anmutet, recht traulich anfühlen, so wie ein Kind in einem hohen Grad mit sich selbst, mit Gedanken oder Beobachtungen beschäftigt sein mag und trotzdem, wenn auch im Rücken, Kontakt spürt und braucht. Für eher schizoide Patienten ist dies auch eine ideale Sprechdistanz – nicht nur räumlich, sondern auch emotional –, und es gelingen manchen von ihnen Aussagen, die sie bisher nicht riskiert haben. Das Arrangement kann durchaus »stimmige Nähe« bieten, vor allem, wenn der Patient bei größerer Nähe tiefere Ängste vor Vereinnahmung durch ein Elternteil oder eine Familienideologie verspüren würde; es kann sich aber auch um Ängste vor den eigenen Nähe- und Regressionsbedürfnissen handeln, die dem Patienten unabsehbar und also ausbeutbar erscheinen. Natürlich helfen hier Fragen nach dem Umgang mit Nähe, ihren Gefahren, den oft für ein Kind schwer faßbaren Formen des Mißbrauchs, der noch lange nicht manifest sein muß. Anders ausgedrückt: Das Arrangement vermittelt Nähe und Unterstützung bei Patienten, die in kleinen Schritten vorangehen wollen und denen es vor allem um die selbständige Dosierung von Nähe und Regression geht.

Ganz anders bei Patienten, die sich nach größerer Nähe und Regression sehnen und dies auch zu erkennen geben können. Ein solcher Patient wird eingeladen, sich auf dem Boden niederzulassen, zwischen den Beinen des auf seinem Sessel sitzenden Therapeuten, das Gesicht zum Raum gewandt. Er kann sich, wenn ihm der Boden zu hart erscheint, eine Decke oder ein Kissen holen; in der Regel biete ich es von mir aus an, weil der Patient zunächst nicht daran denkt. Bei meinem Sessel muß ich die vordere Kante der Sitzfläche immer mit einem Kissen polstern, damit der harte Querstab den vor mir Sitzenden nicht schmerzt. Der Patient kann, wenn er will, seine Arme über meine Knie legen oder meine Knöchel umklammern oder sich stärker gegen das eine Bein lehnen. Es wird als besonders schützend und sichernd empfunden, wenn ich mit beiden Beinen Seitenhalt gebe. Dazu rolle ich zwischen Oberschenkel und Sessellehne jeweils links und rechts ein Kissen ein, damit ich den Druck nicht ausschließlich mit meinen Aduktoren erzeugen muß.

Ist der Patient einmal »installiert« und sitze ich einigermaßen bequem, dann tritt meist eine große Ruhe ein; der Patient läßt die ungewohnte und viele Erinnerungen und Phantasien abrufende Position auf sich wirken. Man kann sich schon in diesem Stadium darüber verständigen, ob er über das sprechen will, was er erlebt oder fürchtet. Manche schauen sich tatsächlich zum ersten Mal aus dieser Blickrichtung den Raum an, entdecken bisher ungesehene Dinge und genießen die Nachfrage, was sie bewegt.

Eine andere Form der Reaktion ist eine stärkere Regression in Richtung Ermattung, sich einkuscheln, Kontakt suchen, Geborgenheit spüren, ja in sich zusammenfallen wie nach einer zu langen und anstrengenden Wanderung des Lebens, wie es der Patient in meinem Video *Vaterkörper, Geburt und Symbolbildung* in exemplarischer Weise zeigt. Es sind Patienten, die mit einer tiefen Erschöpfung leben, die sie vor sich und anderen verbergen möchten. Man erkennt es meist daran, daß der Kopf nicht mehr stabil auf dem Hals zu sitzen scheint oder daß die Stimme brüchig und dünn wird; aber auch an einer Reaktion der Gegenübertragung, in der man sie schützen, bergen und ihnen Ruhe anbieten möchte. Dann wird es Zeit, den Kopf des Patienten mit den Händen zu halten oder ihn, für den Therapeuten auf längere Sicht bequemer, vorsichtig auf ein Kissen zu betten, das der Therapeut sich vor den Bauch gelegt hat. Dies wird meistens mit einem dankbaren Aufseufzen beantwortet. In der Regel schließen die Patienten die Augen, aber für manche ist es auch wichtig, aus tiefer Regression heraus einen Blick auf die kleine Welt des Raumes zu werfen.

Andere fragen, bei einer kleinen Bewegung meinerseits, die dem Zurechtrücken dient, ob ich auch bequem sitze und ob der Kopf nicht zu schwer sei. Der Seitenhalt mit den Beinen wird als besonders wichtig erachtet, er aktualisiert wohl die Szene, in der die Mutter das in die Welt schauende Kind mit den Armen hält und die beiden Körperseiten von oben bis unten umschließt. Es geht wohlgemerkt wiederum nicht um Wiedergutmachung und korrigierende emotionale Erfahrung, obwohl letztere eine gewisse Rolle als Beigabe spielt, sondern um eine Neuordnung der mit der Szene verbundenen Affekte wie der Abwehr, der Ermöglichung der Trauer, auch der Wut, und der langsamen Internalisierung der Modellszene mit einem anderen Ausgang.

Oft äußert der Patient den Wunsch, daß ich auch mit meinen Händen seinen Kopf berühre, und dies auf verschiedene Weise: dem Kopf Seitenhalt zu geben, die Stirn zu umfassen, Hinterkopf und Stirn gleichzeitig zu berühren oder beide Hände oben auf den Kopf zu legen. Für Patienten mit religiöser Erziehung oder Vergangenheit evoziert diese letzte Haltung unmittelbar das Segnen, ein Erleben oder ein Wunsch, der mich zunächst etwas verlegen machte; doch dann hatte ich verstanden, daß ich das mit der Haltung tun dürfe, eine Kraft weiterzugeben, die nicht meine persönliche Leistung oder Gabe ist, sondern ein Geschenk aus der Natur oder dem Kosmos oder eines unbekannten Gottes. Dies vermittle ich auch so: daß ich etwas weitergebe, das mir selbst in ausgewählten Augenblicken zufließt. Obwohl manche Patienten sich in der Regression den Therapeuten als mächtigen Guru wünschen, an den sie alle Wünsche und alle Verantwortung abtreten können oder den sie in einer Gottesübertragung sogar dazu drängen, Jesus oder Gottvater zu sein, sind sie doch dankbar, wenn ich mich nicht diesem Drängen beuge und mir überirdische Kräfte anmaße.

Die Nähe zur Traumatherapie

Eine andere Variante, die sich aber oft aus der geschilderten entwickelt oder von erfahreneren Patienten direkt gesucht wird, ist folgende: Der Patient setzt sich so zwischen oder neben meine Beine, daß er den Kopf auf mein Knie legen kann, das ich mit einem Kissen abgepolstert habe. Er kann dabei mit den Händen an meinem Bein Halt suchen. Man könnte bei dieser Haltung am ehesten von Anschmiegen sprechen und an die Modellszene des Anschmiegens an den mütterlichen oder väterlichen Körper denken. Instinktiv wählen manche Patienten Positionen aus, in denen sie entweder Schutz vor dem nächsten Konflikt oder aufgetauchten Ängsten suchen oder bei denen in einer noch unklaren Weise eine Arbeit an einem Konflikt oder einem Trauma fortgeführt werden soll.

Überhaupt läßt sich sagen, daß es bei der Annäherung an einen gravierenden Konflikt oder gar ein Trauma Modellszenen zu geben scheint, wie sich ein Kind oder ein Patient Mut, Zuversicht und Stärkung holt. Da ich nicht viel Erfahrung mit schwer traumatisierten Patienten habe, ist mein körpertherapeutisches Repertoire mit solchen Menschen begrenzt, aber einige der haltgebenden Berührungen dürften auch für Trauma-Patienten geeignet sein. Vielleicht bietet die folgende Anordnung eine solche Möglichkeit.

Rollenspiel mit Berührung

Da ich viel mit Rollenspielen arbeite, geht es oft um die Ermutigung, der bedrohlichen Person oder Situation gegenüberzutreten. Vereinfacht gesagt glaube ich, daß es bei starken oder multiplen negativen Introjekten oder traumatisierenden Personen oder Situationen bis in die Gegenwart hinein eine Überforderung bedeutet, alles Elend, vor allem alle kumulativen negativen Erlebnisse, in die Übertragung zu bringen und sie dort durchzuarbeiten. Der Patient, der Therapeut und oft auch das Setting sind überfordert, das Arbeitsbündnis droht zu zerbrechen. Ich habe das schon früher in meinem Buch *Dämonische Figuren* über die NS-Traumata ausgeführt. Deshalb schlage ich den Patienten vor, sich mit dem Rücken an die Couch zu lehnen, so nahe bei mir, daß sie bei Bedarf nach meinem Bein oder meiner

Hand greifen können. Auch mit dieser Unterstützung ist es oft noch nötig, dem Patienten Schutzmauern aus Kissen oder Polstern zu geben, weil die direkte Begegnung mit einem prügelnden Vater auch im geschützten Raum der Praxis und in der nur vorgestellten Gegenwart der Person stark ängstigend ist. Oft legt sich die Hand auf mein Knie, oder sie schlingt sich um mein Bein oder sucht meine Hand, und wenn ich dann sage: »Er darf Ihnen hier nichts tun!«, dann kann die Auseinandersetzung ein Schrittchen weitergehen. Diese Haltung der Konfrontation mit einem bedrohlichen Gegenüber, also meist einem externalisierten Introjekt, wird eher von fortgeschrittenen Patienten gesucht, die den Arbeitsstil mit dem Rollenspiel schon kennen und die Auseinandersetzung vorantreiben möchten.

Dieses Setting erlaubt den Wechsel von Hinschauen, verbaler Konfrontation, Anschmiegen, ja Verstecken vor dem gefürchteten Objekt, dem Nachsuchen nach verbalem Rückhalt oder gestischer Ermutigung, die so weit gehen kann, daß sich der Therapeut vor den Patienten setzt und stellvertretend dem schädigenden Objekt »Bescheid gibt«. Es bleibt aber wie in jeder tiefenpsychologischen Therapie das Problem zu lösen, wie der Patient, zusammen mit dem Therapeuten, damit umgehen kann, daß die Introjekte im Intervall, also in Abwesenheit des Therapeuten, zurückschlagen können und den psychologischen Gewinn zunichte machen, sei es durch Zweifel, Verurteilung oder noch direktere Strafen. Doch ist hier nicht der Ort, die Einführung ins analytische Rollenspiel zu vertiefen, was ein eigenes Buch ergäbe. Es ist jedoch eng mit meiner Form der Körperpsychotherapie verflochten, denn je tiefer das auch körperliche Vertrauen in den Therapeuten ist, desto stärker werden die zentralen Ängste und Konflikte herandrängen und nach einer therapeutisch heilsamen Inszenierung suchen. Diese Reaktivierung der Konflikte, der Ängste, des Traumas, des Grauens wird pendeln zwischen dem Eindringen in die Übertragung und der Inszenierung mit den externalisierten Introjekten. Es bleibt der Intuition des Therapeuten überlassen, welche Gewichtung er zwischen diesen beiden wichtigen Polen vornimmt. Keiner von beiden macht Sinn ohne den anderen. Dieser körperliche Schutz bei der Auseinandersetzung mit dem Trauma wird auch von manchen psychoanalytisch orientierten Traumatherapeuten heute wie selbstverständlich angeboten. Bei der Annäherung an traumatische Erinnerungen wie bei der Konfrontation mit traumatisierenden Objekten oder Introjekten ist der körperliche Schutz höchst wirksam, gleichgültig, ob es sich um Rollenspiel oder die Bildschirm- oder die Fahrstuhltechnik handelt. Bei der Bildschirmtechnik wird das allmähliche Herangehen durch die Vorstellung erleichtert, der Patient sehe seine Peiniger oder die traumatische Situation auf einem kleinen Monitor, den er bei einem Ansteigen der Angst ausschalten kann. Bei der Fahrstuhltechnik besteht die hilfreiche Vorstellung darin, daß der Therapeut den Patienten haltend bei einer Fahrt in die Tiefe begleitet, die jederzeit abgebrochen werden kann, so daß der Patient wieder an die Oberfläche zu gelangen vermag. Beide Techniken werden, verbunden mit körperlichem Halt, von Ulrich Sachsse und Luise Reddemann angewandt und beschrieben, einschließlich ihres Verzichts auf das orthodoxe Postulat, auch das Grauen des Traumas müsse in der Übertragung wiederbelebt und aufgelöst werden. Für mich haben sich das vorübergehende Verstecken hinter dem Therapeuten sowie der Blick des Patienten durch das eigene Fingergitter auf das zunächst Unerträgliche als hilfreich erwiesen.

Am Therapeuten hängen

Die folgenden Interaktionen gehen zwar ebenfalls auf frühe Modellszenen zurück, doch sind sie nur kräftigen Therapeuten zu empfehlen, die es aushalten, das ganze Gewicht eines Patienten an sich hängen zu haben.

Für Kinder, auch für ältere, die schon gut laufen können, scheint es fast lebenswichtig, sich gelegentlich tragen zu lassen. Ich spreche hier nicht vom Tragen auf beiden Armen, das sich in der Therapie höchstens »simulieren« läßt, indem man, wie bereits beschrieben, dem liegenden Patienten die Arme unter Kniekehlen und Schulter schiebt; sondern ich spreche von Situationen, bei denen sich das Kind mit den Armen auf dem Rücken oder an der Brust des Erwachsenen anklammert und sich einfach mit seinem ganzen Gewicht hängen läßt. Der symbolische Gehalt ist offensichtlich: Vater oder Mutter können mich mit meinem ganzen Gewicht tragen, so sehr ich mich auch schwer mache.

Eine Form des »hängenden Patienten« habe ich in dem Video *Vaterkörper, Geburt und Symbolbildung* gezeigt. Der Patient steht vor mir, schlingt die Arme um meine Schultern und fragt, ob er nicht zu schwer sein werde; dann löst er die Füße vom Boden, läßt sich hängen und seufzt erleichtert auf, weil es ihm ganz unwahrscheinlich vorkommt, daß ein Mensch ihn tragen und halten kann, obwohl er doch für alle bisher zu schwer war. Das Beispiel ist nur dann als zu konkretistisch anzusehen, wenn man übersieht, daß die Interaktion durch viel seelische und körperliche Vorarbeit eine besiegelnde Funktion hat, nicht eine heilsame durch einmalige Intervention.

Ähnliches gilt für eine andere Form des Halts, die wohl am ehesten in eine mittlere bis abschließende Phase der Therapie gehört. Der Patient steht hinter dem leicht nach vorn gebeugten Therapeuten, umklammert seine Schultern, läßt sich ebenfalls hängen oder fallen und fühlt sich – seelisch und körperlich – getragen in dieser Modellszene, die ihre tiefere symbolische Bedeutung aus der geleisteten Vorarbeit bezieht.

Umgang mit der Stoßkraft des Beckens

Ich habe von Hemmungen und Einengungen der Bewegungsfreiheit bei verschiedenen Körperteilen gesprochen, mit denen der Patient dann auch nur mühevoll die ihnen innewohnenden oder dorthin verschobenen Affekte auszudrücken vermag. Beim Kampf mit dem Po ist etwas davon bereits angeklungen. Ähnliches gilt nun auch für Beckenbewegungen, bei denen es gleichzeitig um Ermutigung wie um Eingrenzung (Limitierung) geht. Diese eingrenzende Interaktion ist auch auf der Couch möglich, wenn der Therapeut den Patienten ermutigt, das Becken zu heben, während er mit seinen Händen an den Hüftknochen Gegendruck gibt, so daß dieser seine Selbstblockade erst einmal spürt und die Selbstbehinderung allmählich aufgeben kann. Der Patient kann an den Augen oder an der Stimme des Therapeuten feststellen, daß ihn Beckenbewegungen und all die Implikationen, die diese Zone mit sich bringt, nicht schrecken. Auch diese Interaktion liefert viel Stoff zum Vertiefen, Aufarbeiten und Überprüfen der Übertragungen.

Etwas anders verläuft das Experiment im Stehen, weil hier viel mehr »ältere« Komponenten beteiligt sind. Therapeut und Patient stehen sich gegenüber. Der Therapeut erklärt ungefähr: »Sie halten die Füße parallel und zeigen mir die Kraft, die in Ihrem Becken sitzt. Ich halte Sie an den Hüftknochen fest und gebe Ihnen Widerstand und Eingrenzung. Wenn Sie wollen, stoßen Sie mich mit Ihren Beckenbewegungen durch den Raum. Aber versuchen Sie, mit dem ganzen Körper zu schwingen und nicht nur mit dem Bekken.« Das ist leichter gesagt als getan. Das freie Schwingen mit dem ganzen Körperbogen bereitet, wenn es gelingt und wenn der Gegenhalt als angemessen und sicher wahrgenommen wird, eine tiefe Befriedigung, ja Freude. Aber bis dahin haben manche Patienten einen längeren Weg zurückzulegen. Für die meisten ist es anfangs schwierig, mit dem ganzen Körperbogen zu schwingen. Das Ergebnis sind sozusagen Bruchstücke des Beckenstoßes, wobei ein ausschließlich auf das Becken reduziertes, hämmerndes Stoßen noch am ehesten gelingt, das sofort sexuelle Assoziationen weckt. Andere haben Mühe, die Füße parallel zu halten, sondern grätschen rückwärts aus, können so aber nur mehr drücken, kaum stoßen. Bei wieder anderen kommen natürlich Hemmungen zum Vorschein, überhaupt Bewegungen zu machen, die sexuell anmuten könnten. Dann ist man in der Übertragung bei frühen Scham- oder Verbotsszenen, die reichlich Stoff für die Nacharbeit bieten.

Die Interaktion braucht viel wechselseitige Abstimmung, bis die Form des Haltens wie die des Stoßens oder Schwingens vertraut oder gar geläufig sind. Für jeden Patienten ist ein eigenes Muster der Freiheit für das Schwingen nötig. Zu viel Spielraum erzeugt das Gefühl, nicht sicher gehalten zu werden, zu wenig weckt leicht die negative Übertragung der Einengung, ja der demütigenden Behinderung. Das gemeinsame Üben stärkt das Band der Solidarität, wenn es nicht, was durchaus vorkommen kann, bedroht wird durch plötzlich auftauchende Erinnerungen und Übertragungen. Die Szene scheint hoch symbolisch aufgeladen, weil sie sich um die Beweglichkeit und Ausdrucksmöglichkeiten eines oft tabuisierten Körperteils rankt. Gelingt sie aber, dann verwandeln sich einige tiefe Ängste in die Freude, eine verdächtige Region in eine Bewegung eingebracht zu haben, die den ganzen Körper umfaßt (die Arme beginnen mitzuschwingen) und in eine harmonische, ganzheitliche Bewegung bringt.

Auch hier spielt das Thema Blickkontakt eine wichtige Rolle. Die Augen mögen zuerst Scham und Unbeholfenheit signalisieren. Später schauen sie verwundert, auch kämpferisch, wenn der Patient schließlich versucht, den Therapeuten von seinem Platz zu stoßen; und endlich zeigt sich bei manchen offene Lebensfreude, für die bei anderen wiederum erst der Pfad gebahnt werden muß. Denn sie schämen sich ihrer Lust, und es fällt ihnen schwer, mit dem Therapeuten durch eine körperliche Freude verbunden zu sein. Wieder andere können strahlend mitgehen, nehmen die Freude und Lust aber zurück, sobald sie wieder sitzen, und man hat genug Arbeit, herauszufinden, welche inneren Sätze sie zu diesem Rückzug veranlaßt haben. So kommt es durchaus zu doppelten oder mehrfachen Übertragungen, die fast gleichzeitig wirksam sind.

Neid und Ekel in der Körperpsychotherapie

Jeder tiefenpsychologisch orientierte Therapeut kennt aus seinen Behandlungen, vielleicht auch aus seiner eigenen Lehranalyse, das Problem des Neides auf den Therapeuten. Bei Melanie Klein ist er sogar zu einer schon früh mächtigen Wirkkraft erhoben worden, die im Sinne einer destruktiven Behinderung des analytischen Prozesses wirken kann. Ihr bevorzugtes Instrumentarium dagegen ist die immer von neuem wiederholte Deutung des frühen Affektes, formuliert als der Neid auf die Brust bzw. alle guten Gaben, die die Mutter für sich behält oder nur höchst willkürlich austeilt. Im Extrem wird bei diesem primären Neid angenommen, daß die Mutter alles und das Kind nichts besitzt, weshalb es an seiner Armut und Ohnmacht leidet, manchmal sogar haßerfüllt ist. Es ist nun meine körpertherapeutische These, daß der Neid, der ja oft nur in der analytischen Rückschau als Affekt gegen den heilsamen Prozeß sichtbar wird, weitgehend ein therapeutisches Artefakt ist. Allerdings mag ihm eine früh gestörte körperliche Beziehung zwischen Mutter und Kind zugrundeliegen, bei der das Kind die Mutter als mächtig, willkürlich, verweigernd, unberechenbar, kühl und geizig erlebt. Jede unverständlich scheinende Verweigerung erhöht im Kind das Gefühl für die eigene Ohnmacht und für den tyrannisch verwalteten Reichtum der Mutter, so daß die Stillung der Bedürfnisse nicht in einem beide freudig einbeziehenden Rhythmus erfolgt, sondern entweder nach einem regulierenden Schema oder nach den Gesetzen der Willkür, die die Mutter allein im Besitz des Reichtums und der Gnade erscheinen lassen.

All dies taucht im analytischen Setting natürlich wieder auf und wird iatrogen forciert durch das Ausmaß des realen und durch Phantasien zusätzlich erhöhten Machtgefälles zwischen dem Patienten und dem Riesen hinter der Couch. Pointiert gesagt, kann jede Deutung eben dieses Gefühl des uneinholbaren Vorsprungs in der Potenz wie im Reichtum des Wissens steigern. Wenn Patienten in einem Klima der körperlichen Verweigerung aufgewachsen sind, dabei aber phantasieren müssen, daß die Eltern zwar im Besitz des körperlichen und affektiven Reichtums sind, ihn aber dem Kind verweigern, dann kann das klassische analytische Setting ein gesteigertes Gefühl der Verweigerung, des Hungern-Lassens, ja der Bestrafung erzeugen, das durch die Angst vor den Folgen des Neides noch verstärkt wird. Ein Kind, das sich im Spiegel der Eltern, auch in dem der körperlichen Interaktion, als willkommen, als selbst beschenkend und nicht nur willkürlich oder widerwillig beschenkt erlebt, wird kaum in eine Grundhaltung des Neides hineingeraten.

Dem Analytiker, der vom hohen Wert seiner verbalen Empathie und seiner Deutungen zu Recht überzeugt ist, können die neidvollen Hungerleider als destruktiv erscheinen, vor allem dann, wenn sie auf dem qualvollen Weg der projektiven Identifizierung in ihn eindringen und er sich manipuliert und erpreßt fühlt, doch noch etwas zu geben, was er nicht hat.

Die analytische Körperpsychotherapie vermag das Ausmaß des bereits entstandenen Neides dadurch zu mildern, daß sie etwas gibt, das dem Patienten in seiner Kindheit mit destruktiven Folgen versagt wurde. Martin Dornes kommt in seiner knappen Durchsicht Kleinianischer Theorien zu dem Ergebnis: »Für die Existenz primärer Aggressivität oder eines primären Neides sehe ich jedoch beim Säugling keine Anhaltspunkte.«*

Wirksam wird diese Rückkehr zu präverbalen, sensomotorischen Interaktions-Einheiten aber nur, wenn der Thera-

* Martin Dornes, *Der kompetente Säugling. Die präverbale Entwicklung des Menschen*, Frankfurt 1993, S. 195.

peut in der Lage ist, dem Kind im Patienten zu vermitteln, daß dieser auch den Therapeuten beschenkt durch seine vertrauensvolle Körperlichkeit. Der regredierte Körper des Patienten darf noch einmal etwas Wertvolles sein, und es ist eine Kunst des Therapeuten, dies zu vermitteln und spüren zu lassen. Das hat nichts mit Mißbrauch zu tun, sondern mit einer Ausstrahlung von Befriedigung und vitaler Freude, die er mit dem Patienten teilt. Dies muß nicht immer gelingen, es gibt auch hier, wie in jeder Therapieform, Gipfelerlebnisse einer gemeinsamen Freude. In der Übertragung geht es um die körperliche positive Beantwortung einer ängstlichen Anfrage des Patienten, ob dem Therapeuten die Berührung nicht unangenehm oder gar eklig sei. Nicht alle Berührungen sind dem Therapeuten mit allen Patienten gleich willkommen. Wo aber das Thema Widerwillen oder gar Abscheu und Ekel auftaucht, kann man sicher sein, daß es sich um ein untergründiges, vielleicht nie beachtetes oder verbalisiertes Thema in der Familie handelt. Dann ist ein Stück Erinnerungs- und Angstarbeit nötig, und wenn der Gang durch die Abgründe des Ekelthemas beendet ist, ist der Widerwillen in der Übertragung und Gegenübertragung meist verflogen. Trotzdem bleibt wichtig, daß man sich als Therapeut nicht zu Berührungen zwingen soll, die in tieferem Sinn gegen das eigene Wohlbehagen gehen. Aber meist deuten die eigenen Körperreaktionen in der Gegenübertragung auf ein unbearbeitetes Thema in der Familie des Patienten hin.

Säuglingsforschung und analytische Körperpsychotherapie

Noch scheinen die behandlungstechnischen Reaktionen auf die Säuglingsforschung von analytischer Seite auf einige Variationen im klassischen Setting beschränkt. Der wohl am umfassendsten belesene, psychoanalytisch orientierte Theoretiker der Säuglingsforschung, Martin Dornes, Autor des Buches *Der kompetente Säugling*, wagt sich in dem Folgeband *Die frühe Kindheit* etwas weiter vor und läßt immerhin erkennen, daß Körperpsychotherapie eine der möglichen Antworten auf den riesigen Datenschatz der empirischen Forschungen zur »Entwicklungspsychologie der ersten Lebensjahre« (so der Untertitel zur *Frühen Kindheit*) sein könnte. Er leitet diese Möglichkeit aus der Tatsache ab, daß unendlich viele Interaktionen zwischen Mutter und Kind nicht in einem verbalisierbaren Unbewußten aufgehoben werden, sondern in einer »körpernahen Form« als »prozedurales Unbewußtes« (Joseph D. Lichtenberg), das als Summe der in Modellszenen gliederbaren Handlungs- oder Interaktionserinnerungen beschrieben werden kann, die ebenfalls nicht bewußt abrufbar, aber auch nicht verdrängt sind. Dieses »prozedurale Unbewußte«, so Dornes, »hat auch Auswirkungen auf die Sicht des therapeutischen Prozesses, die ich hier nur streife. Außerdem kann es als Anregung für die (psychoanalytisch orientierte) Körperpsychotherapie dienen. Ich überlasse es anderen, für die Nützlichkeit und Berechtigung einer solchen Therapieform (von der ich überzeugt bin) zu streiten.« (1997, S. 17)

Als ein solcher anderer fühle ich mich durchaus angesprochen und ermutigt und betrachte meine Ausführungen als einen ersten, theoretisch noch wenig durchdrungenen Versuch, einen Brückenschlag zu wagen zwischen der Säuglingsforschung, der klassischen analytischen Theorie und Behandlungsform und meinen Erfahrungen mit der Wirkung von Berührung und körperlicher Interaktion in Therapien und Analysen. (Pionierarbeit hat hier der Körpertherapeut George Downing mit seinem Buch *Körper und Wort in der Psychotherapie* geleistet.)

Dabei hat sich das Konzept der Modellszenen als hilfreich erwiesen, weil es erlaubt, Berührungsformen und Beziehungsreize anzubieten bzw. aufzunehmen, die jenseits der sprachlich verfaßten Wenn-Dann-Sätze liegen und die zu den verbalisierbaren neurotischen Konflikten führen. Zwar macht Dornes deutlich, daß sich auch prozedural-unbewußte Verknüpfungen im Lauf einer Analyse verbalisieren lassen und so sogar den Rang unbewußter Phantasien annehmen können. Sie werden allerdings erst vom Analytiker formuliert als sprachliches Pendant zu frühen averbalen Verknüpfungen. Aber ebenso deutlich wird, daß ein riesiger Schatz an frühen Prägungen schwer erhellbar bleibt, wenn man sich ihm ausschließlich auf der verbalen Ebene nähert. Hier unter anderem setzt die Körperpsychotherapie mit Berührungen an, die gleichsam zurückspüren ins Reich der Mütter mit Mitteln der Interaktion, die denen zwischen Mutter und Kind, später auch Vater und Kind ähneln. Man versteht auch mit Dornes, warum sich so viele zum Beispiel Kleinianische Deutungen derart mythologisch anhören: weil sie die Domäne der Sprache und der sprachförmigen Verbindungen ausdehnen wollen bis in früheste Zeiten, denen die Säuglingsforschung die Fähigkeit zur Symbolisierung und zum biographischen Narrativ inzwischen abspricht.

Dornes entnimmt der wachsenden experimentellen Literatur zur Wahrnehmungswelt des Säuglings auch die Erkenntnis, daß dieser in der Lage ist, die Mutter aus verschiedenen Sinneseindrücken zu einem einheitlichen Objekt zusammenzusetzen (vgl. 1997, S. 59 f). Aber genau diese Fähigkeit scheint bei einer Reihe von Patienten mit frühen Störungen außer Kraft gesetzt worden zu sein, und es fällt ihnen schwer, mit dem unsichtbaren Analytiker erneut auf eine sinnlich differenzierende und erfolgreiche Objektsuche zu gehen. Deshalb ist es bei manchen Interaktionsformen so eindrucksvoll und berührend zu erleben, wie manche Patienten mit den verschiedenen sinnlichen und verbalen Kanälen umgehen, die ihnen Berührungen aus verschiedenen Perspektiven anbieten. Bei der Wiederholung der gestörten frühen Nähe gibt es sogar eine Scheu, den Therapeuten auf Anhieb über mehrere Sinneskanäle gleichzeitig als ganzes Objekt zu sehen, weil dieser Prozeß ursprünglich mit Schmerzen verbunden war. Erst allmählich können mehrere Kanäle synchron benutzt werden, also die verschiedenen Sinneseindrücke koordiniert und wieder miteinander verbunden werden.

Über die frühen entwicklungspsychologischen Mechanismen der projektiven Identifizierung heißt es bei Dornes, daß sie weit weniger über Introjektion und Projektion laufen, die eine gewisse Ichkapazität voraussetzen würden, sondern über viel frühere und körpernähere Prozesse: »Die Kommunikation solcher Gefühlszustände findet also im Medium nichtsprachlicher Affektsignale (Körperhaltung, Vokalisierung, Bewegungstempo, Gesichtsausdruck) statt. Ich halte diese averbalen, kreis- und spiralförmigen Austauschprozesse, in denen eine wechselseitige Beeinflussung stattfindet, für die biologischen Grundlagen der projektiven Identifizierung.« (1997, S. 69) Das bedeutet, daß die Mechanismen dieser verzweifelten und verwirrenden Einflußnahme des Patienten auf den Therapeuten bisher in zu komplexen, zu »fortgeschrittenen« und zu »narrativen« Handlungskategorien gedeutet wurden. Sucht man hier nach behandlungstechnischen Konsequenzen, so gelangt man einerseits zu den enormen analytischen Verfeinerungen, die die Folge der Ausdifferenzierung des Konzeptes waren; andererseits zu der sich aufdrängenden Frage, ob man die fast manieristischen Verschiebungen der mißglückten frühen Interaktion in die Form der projektiven Identifikation nicht auf ihrer ursprünglichen Ebene einer leibseelischen Verständigung aufsuchen und reparieren sollte. Dies hätte auch Auswirkungen auf den emotionalen Zustand des Therapeuten, der dem zwangsläufigen psychischen Ver- und Entgiftungsprozeß entgehen könnte, an dem viele Therapien und Analysen zu scheitern drohen. Fast mit Genuß schildert Dornes eine solche Interaktion anhand eines schweigsamen Angstpatienten, dem es gelingt, den Analytiker zu infizieren:

»Nehmen wir an, der Analytiker schweigt zunächst, folgt weiter seinen Phantasien und kommt zu dem Schluß, daß sie seine Angst nicht recht erklären. Belehrt von der Säuglingsforschung oder auch ohne sie besonders begabt, lenkt er die Aufmerksamkeit auf seine Körperprozesse. Er bemerkt, daß er auf eigenartige Weise atmet – nicht wie sonst, ruhig und tief, sondern kurz, gepreßt und angespannt. Dann spürt er seine ungewöhnlich feuchten Hände, und seine Aufmerksamkeit wandert wieder zum Patienten, der immer noch daliegt und schweigt. Er sieht Schweißperlen auf dessen Stirn und bemerkt einen eigenartigen Atemrhythmus. Langsam wird ihm klar, daß der Patient von Anfang an so dalag und er (der Therapeut), ohne es zu merken, den Atemrhythmus des Patienten übernommen hat. Die Angst des Analytikers war eine Folge dieser vom Patienten übernommenen Atmung«, die auf dem Wege des körperempathischen Mitgehens erfolgt. Dornes argumentiert in diesem Kapitel gegen die psychoanalytische Verdächtigung des Patienten, dieser »wolle« seine Gefühle im Therapeuten deponieren, weil sich der Therapeut ja in der Regel manipuliert, infiziert oder durchdrungen fühlt und deshalb auf eine unbewußte Absicht schließt. Dagegen Dornes: »Der Patient wollte seine Angst nicht loswerden und hatte auch (noch) keine Phantasien darüber, sondern seine Angst transpirierte buchstäblich in die analytische Situation und in/auf den Analytiker. Wenn der nun ›aus der Gegenübertragung heraus‹ sagt: ›Ich habe den Eindruck, daß Sie heute sehr ängstlich sind‹, liegt er richtig. Ein: ›Sie wollen Ihre Angst in mir aufbewahren‹ oder ›Sie wollen, daß ich Ihre Angst mildere‹, ist schon problematischer. Der Patient ›will‹ in solchen Momenten möglicherweise gar nichts. Er befindet sich in den Klauen der Angst, und dieser Zustand drückt sich unwillkürlich aus. (...) Intentionale Deutungen solcher unwillkürlichen Kommunikationsprozesse belasten den Patienten mit einer Verantwortung für seine Affekte, die er noch gar nicht übernehmen kann.« (1997, S. 70f)

Aus körperpsychotherapeutischer Sicht wäre hier folgendes Vorgehen denkbar: Wenn der nicht vom Ich erfaßte Affekt so stark ist, daß er derart bedrohlich in die analytische Situation eindringt, und wenn der Patient andererseits noch gar nicht die Verantwortung für den Affekt übernehmen kann, dann ist selbst die »weiche« bzw. empathische Deutung der erhöhten Ängstlichkeit eine Zumutung oder auch Abspeisung, weil sie nicht mit einem Ich korrespondiert, das diesen Bedeutungsgehalt konstruktiv aufnehmen könnte. Der vor Angst schwitzende Patient mag aber doch die unbewußte, vielleicht vielfach enttäuschte Hoffnung haben, der Therapeut wisse einen Weg zur Angstminderung, zum Beispiel durch eine Berührung, die ihn aus seiner ungeheuren Isolierung erlöst. Dies zu verweigern, würden wir bei einer Mutter für hochpathologisch halten. Wenn der Patient aber diese Hoffnung schon nicht mehr fühlt, weil er ihrer längst entsagt hat, dann geht es in der Therapie um eine konstruktive Überraschung: daß es nämlich eine körpernahe Einfühlung in diesen entsetzlichen Zustand gibt. Die Berührung bedeutet nicht, dem Patienten die Angst abzunehmen, sondern seinen Container für starke Affekte durch ein körperlich präsentes Hilfs-Ich zu erhöhen.

Der Umweg über die Akrobatik der projektiven Identifizierung läßt sich also verkürzen. Sie stellt einen Mechanismus der Verzweiflung auf seiten des Patienten dar, die den Therapeuten nur noch auf dem Weg der Infizierung erreicht. Der analytische Körperpsychotherapeut würde den stockenden Atem mit der Hand auf dem Brustbein spüren oder über das Zittern oder Schwitzen der Hand, über das Flattern der Lider oder über einen verkrampften Nacken erfassen. Er würde nach der Gefahr fragen, in der sich der Patient befindet, wohl wissend, daß es vielleicht noch ein weiter Weg bis zur »unbewußten Phantasie« ist. Es mag sogar sein, daß die Gefahr nie benennbar wird; aber der körperliche Beistand im Maximum der Angst ist das wichtige Moment, das zu einer neuen Objektbeziehung werden kann, wenn es ausreichend oft wiederholt wird. Was das Kind in den ersten zwei Jahren erlebt hat und mit welchen Gespenstern und Ängsten es kämpft, mag im Dunkeln bleiben, auch wenn uns das als Analytiker irritiert. Der konkrete Beistand ist das wichtige Erleben, und Formulierungen wie »Es muß etwas Entsetzliches gewesen sein, was Sie so geängstigt hat« und »Es ist gut, daß Sie es hier erlebt haben, wo ich Ihnen beistehen kann« sind die Bausteine neu erlebter Modellszenen.

Das Gefühl der Hand auf dem geängstigten Körper nehmen die Patienten mit; es ist ein sinnlicher und gleichzeitig symbolischer Eindruck. Zuerst lauten die Aussagen: »Ihre Hand (oder Ihr Rücken) war noch ein paar Stunden bei mir.« Später heißt es: »Zwei Tage lang hat es gehalten«; und noch später: »Ich kann Ihre Hand auf mir spüren, wenn ich nachts die Angstanfälle kriege oder in ein depressives Loch stürze.«

Die Hand (als Symbol einer schützenden Berührung) ist Teil eines interaktionellen Schemas geworden, das nicht unbedingt den Weg über Deutung und Rekonstruktion braucht. Stellen diese sich allerdings ein, beim Patienten oder beim Therapeuten, dann dürfen wir sie genießen als ein Gefühl des stimmigen Zusammenhangs, als erhellte Biographie und analytisch erzählbare Geschichte. In ihr spielt der Therapeut die Rolle eines zurückhaltenden, ahnenden, manchmal wissenden, im besten Fall sogar sokratischen Weisen, der um seine Deutungsmacht nicht mehr beneidet wird, weil das zentrale Erleben immer wieder die Interaktion und nicht die Deutungstätigkeit war. Deshalb ist es in der analytischen Körperpsychotherapie auch so schwer, den Therapeuten einfach auszublenden, ihn als übermächtig, gelähmt, depressiv abwesend oder gar tot zu erleben. Doch werden die schlimmen Gefühle nicht einfach überlagert. Sie haben noch genug Raum, durch die Spalten der Übertragung einzudringen. Der Patient ist aber zu kontinuierlichen Vergleichen zwischen seinen bedrückenden inneren Bildern und der lebendigen Gegenwart des Therapeuten genötigt.

Es gibt also ein Zwischenglied zwischen den präverbalen, nur körpersprachlich verfaßten Engrammen und den mit Hilfe des Therapeuten gefundenen »unbewußten Phantasien«, die Dornes notwendigerweise als Konstrukt ansieht: »Rekonstruktionen der Vergangenheit erfassen spätere Prozesse der Weiterverarbeitung präsymbolischer Erfahrungen und, im besten Fall, auch die durch Überarbeitung und Abwehr noch hindurchschimmernde frühe Wirklichkeit, die meist nicht nur eine frühe, sondern eine ständige war.« (1997, S. 84) Dieses Zwischenglied ist das Ansprechen der »präsymbolischen Erfahrungen« durch Berührung und Interaktion, also eine durchaus von Worten begleitete oder besser begleitbare Körpersprache. »Begleitbar« drückt die Freiheit wie das Bedürfnis des Therapeuten und den eventuellen Wunsch des Patienten aus, seine frühen Verstrickungsszenen auch verbal zu verstehen; dabei soll berücksichtigt bleiben, daß das verbale Verstehen in vielen Situationen noch eine befremdende wie entfremdende Erfahrung sein kann, auch eine solche, die die präverbalen Modellszenen überlagern oder gar unkenntlich machen kann.

Säuglingsforschung und unbewußte Affekte

Die Bücher von Martin Dornes habe ich mit einer gewissen Dankbarkeit gelesen, bereiten sie doch das unendlich scheinende Material der Säuglingsforschung mit Kompetenz und vorsichtigen Urteilen auf. Auf der Grundlage eines Bekenntnisses zur freudianischen Psychoanalyse werden auch die Momente deutlich herausgearbeitet, die an manchen Hypothesen und Thesen Zweifel angebracht erscheinen lassen. So lese ich seine Bücher also mit der die alte loyale Bindung an die Psychoanalyse dokumentierenden Frage: »Wieviel *darf* ich verändern an einer mir für eine Reihe von Störungen nicht mehr ausreichend scheinenden Behandlungstechnik, ohne meine analytische Identität zu verlieren?« Auf der anderen Seite weiß ich doch, daß Martin Dornes im Mainstream der Psychoanalyse auch als Provokateur wahrgenommen wird, der manche Kollegen zu der bangen Frage veranlaßt: »Wieviel *muß* oder *müßte* ich verändern, wenn ich auf der Höhe der empirischen Erkenntnis der psychoanalytischen Entwicklungspsychologie bleiben will?« Auf jeden Fall ermutigen mich seine Bücher, neue Behandlungsformen zu erproben, mit denen ich mich auf dem Boden der psychoanalytischen Theorie weiß, vor allem auch der neueren Affektforschung und der Erkenntnisse über die Übermittlung von Affekten, wie sie etwa Rainer Krause vorantreibt.

In seinem kurzen Kapitel über »Unbewußte Gefühle« kommentiert Dornes Erkenntnisse, die für eine sehr frühe Spaltung zwischen äußerem Erscheinungsbild in Mimik und Verhalten und innerem, physiologisch meßbaren, aber als Affekt nicht bewußt wahrgenommenen Zustand sprechen. Über einjährige, nach der Bindungstheorie als »vermeidend gebunden« bezeichnete Kinder heißt es in der Analyse der »Fremde-Situation«, bei der die Mutter im Experiment weggeht und erst nach einer Weile wiederkommt: »Sie spielen und explorieren ruhig und ignorieren sowohl den Weggang als auch die Wiederkehr der Mutter. (...) der bloße Augenschein ergibt kaum Anzeichen von direkt ausgedrücktem Ärger.« (1997, S. 295) Aber es ist »der Cortisolwert von vermeidend gebundenen Kindern nach den Trennungs- und Wiedervereinigungssituationen stark erhöht; ebenso die (korrigierte) Herzschlagfrequenz während der Trennung. (...) Diese Befunde belegen, daß die häufig recht ausgeglichen wirkenden Kinder auf der physiologischen Ebene erheblich erregt und durch die Trennung gestreßt sind. Ich halte diese Erregungszustände für physiologische Korrelate unterdrückter, unbewußt gewordener Affekte. Die Kinder haben früh gelernt, daß der Ausdruck von Angst oder Ärger in Streßsituationen riskant ist und deshalb gehemmt werden sollte.« (1997, S. 95f) »Man kann also mit einiger Berechtigung sagen, daß es bei vermeidend gebundenen Kindern schon mit einem Jahr unbewußt gewordene Affekte des Ärgers gibt, die sich nur noch auf der physiologischen Ebene ausdrücken, ohne als Ärger gespürt zu werden.« (1997, S. 297)

Dem erfahrenen Körperpsychotherapeuten werden solche Zustände nicht entgehen, und er wird sie auf der Körperebene weiter explorieren, ihnen Brücken bauen zu motorischer Abfuhr durch ausgewählte Reize zur Interaktion. Dabei kann die Abfuhr gleichzeitig von einem vorsichtigen, fragenden Deuten begleitet sein, stärker noch von einem Antwortgeben auf körperlich-komplementärer Ebene, bis vielleicht ein Wechselspiel entsteht zwischen Mimik, Lauten und körperlichen Anzeichen von Spannung und Bewegungsbereitschaft einerseits und einem möglichen Objekt andererseits, vor dem der Ärger verborgen werden mußte, obwohl er ihm galt.

Gleichzeitig führt die hier beschriebene Störung zu dem nie so recht faßbaren Problem einer Dauererschöpfung, mit dem manche Patienten in eine Therapie kommen. Natürlich sind Konflikte erschöpfend. Wenn wir aber annehmen müssen, daß es frühe Konflikte gibt, die nie auch nur annähernd den Status der Verbalisierbarkeit erreicht haben und die dennoch einen Teil der Lebensenergie, und zwar auf der seelischen wie der physiologischen Seite, aufzehren, dann entsteht doch die Frage, mit welchen behandlungstechnischen Mitteln wir uns einem Patienten nähern, der seit früher Kindheit nur mit halber Kraft durchs Leben zieht. Und er weiß nicht einmal, was ihn lähmt, und schämt und verurteilt sich für seine Schwäche. Es besteht die Gefahr, daß er in der klassischen analytischen Situation eine indirekte Fortsetzung seines Leidens findet, auch wenn sie ihm auf der bewußten Ebene wie ein großes Geschenk erscheint. Die körperliche Unerreichbarkeit des Analytikers, was Trost, Halt und berührende Gegenwart angeht, ist offensichtlich, und dies paßt in ein stabiles frühes Schema des Fühlens und Reagierens, in dem körperliche Erreichbarkeit und Halt eben ausgeschlossen waren. Das ganze Ausmaß des Zweifels, inwieweit frühe Bindungsformen therapeutisch aufzuspüren und zu erfassen sind, ebenso wie die Skepsis gegenüber der Bedeutung der frühen Interaktionen zeigt sich bei Freud in einem Abschnitt seines Aufsatzes *Über die weibliche Sexualität*:

> »Alles auf dem Gebiet dieser ersten Mutterbindung erschien mir so schwer analytisch zu erfassen, so altersgrau, schattenhaft, kaum wiederbelebbar, als ob es einer besonders unerbittlichen Verdrängung erlegen wäre. Vielleicht kam dieser Eindruck aber davon, daß die Frauen in der Analyse bei mir an der nämlichen Vaterbindung festhalten konnten, zu der sie sich aus der in Rede stehenden Vorzeit geflüchtet hatten.« (1991, S. 519)

Das ergibt nur einen Sinn, wenn man die frühe Mutterbindung als so schrecklich annimmt, daß nur noch die Flucht zum Vater hilft, eine Annahme, die sicher in einer Reihe von Fällen zutrifft. Freud erkennt aber die Möglichkeit an, daß weibliche Analytiker hier zu früheren Stadien vordringen können. Die analytische Körperpsychotherapie versucht, einen Zugang unter anderem zu den frühen Störungen bzw. Beziehungsformen zu öffnen, indem sie das verbale Instrumentarium erweitert durch den Zugang zu den nur als unbewußte Interaktionserinnerungen gespeicherten Bindungen, die, wie die Säuglingsforschung ermittelt hat, nicht verdrängt wurden. Sie waren nie bewußt oder bewußtseinsnah, sondern sie bilden ein eigenes Reservoir, das einen eigenen, szenisch-körperlichen Zugang verlangt.

Facetten des Themas Sexualität

In dem ebenso faszinierenden wie erschütternden Bericht *Verführung auf der Couch* über einen sexuellen Mißbrauch während der Analyse von Anonyma wird die Beziehung durch die Deutungen des Analytikers spürbar sexualisiert, der die Ebene der Übertragung mißversteht, verzerrt oder bereits erotisierend mißbraucht. Eines Tages äußert die Patientin den Wunsch, zu ihm hinüberzukriechen, um sich an seinem Knie festzuhalten. Der Analytiker ermutigt sie, und sie setzt den Wunsch in die Tat um. Beim Analytiker brechen die ohnehin schon belasteten Dämme, und in der nächsten Stunde liegt er über ihr auf der Couch. Danach nimmt eine Mißbrauchstragödie ihren Lauf, die das Leben der Patientin in destruktiver Weise verändert.

Zu Beginn eines Fortbildungsseminars zum Thema Psychoanalyse und Körperarbeit berichtet ein erfahrener Analytiker, der sich seit Jahren mit dem Verhältnis von Berührung und analytischer Psychotherapie beschäftigt, von einem weit zurückliegenden Erlebnis, das ihn unvorbereitet traf, erschreckte, aber zum Ausgangspunkt einer langen Suche nach der Bedeutung körperlichen Handelns im analytischen oder therapeutischen Setting wurde. Eine Patientin kroch nämlich plötzlich und ohne Vorankündigung auf ihn zu und wollte ihn am Knie berühren. Während er erzählte, kam Gelächter auf, nicht nur über seinen Schrecken, sondern über die erotischen oder sexuellen Phantasien, die die ungewohnte und scheinbar unvermittelte Attacke auslöste. In seiner Verwirrung habe er die Vollendung des Wunsches untersagt, sein Knie zu berühren, sei aber prüfend und nachdenkend in sich gegangen, ob er wichtige Dinge in Übertragung und Gegenübertragung übersehen habe. Körperlich sei er vollkommen unvorbereitet auf die plötzliche Annäherung gewesen, und natürlich war ihm die Überlegung, was die Berührung in ihm ausgelöst hätte, unheimlich. Durch seine eigene aktive Abwehr habe er aber auch nie erfahren, was das Ziel der körperlichen Annäherung gewesen sei.

Eben diese Handlungssequenz als ein Stück Selbsterfahrung zu wiederholen, schlug ich den Teilnehmern in der ersten Kleingruppensitzung vor, durchaus auch, um das Unvermittelte der Aktion mit einzubeziehen. Es entstand eine leichte Unruhe, und eine Teilnehmerin protestierte: Bei einer so demütigenden Übung könne sie nicht mitmachen, und es sei ihr unverständlich, wie ich so etwas vorschlagen könne. In ihren Augen war ich bereits moralisch disqualifiziert, bevor die Selbsterfahrung überhaupt begann. Es ließe sich aber auch sagen, daß wir bereits mittendrin in der Selbsterfahrung waren, weil die moralisierende Überich-Position zum möglichen Thema von Demütigung und Mißbrauch bereits bezogen war.

Ich begann mit der Übung, wählte als Therapeuten einen großen, kräftigen Kollegen und machte mich, auf allen Vieren kriechend, auf den Weg zu ihm. Dabei fiel mir auf, daß ich, um allzuviel Regression zu vermeiden, unwillkürlich die Rolle eines Gorillas einnahm, der auf seinen Pfleger zugeht. Als ich auf allen Vieren vor ihm stand, fiel mir auf, wie schwer es war, weit oben über mir sein Gesicht zu sehen. Sein Knie war aber ein willkommenes Ziel, um mich leicht an seinen Körper zu klammern, was allerdings apersonal und dennoch bergend war. Erotisierte Gefühle verspürte ich nicht, eher eine Art Sehnsucht nach monumentaler Väterlichkeit, die ich mir aber nicht lange gönnte, weil ich diese didaktische Sequenz nicht weiter ausdehnen wollte. Ich war dadurch auch geschützt vor möglichen erotischen Implikationen, die nicht zu einer Realisierung gedrängt hätten, wohl aber zu folgenden Gefühlen: Hier sitzt ein mächtiger Mann, mein Kopf, den ich auf sein Knie gelegt habe, ist in der Nähe seines Geschlechts; die Neugier wird, als passagere Stimung, wach, aber es überwiegt ein Gefühl der Geborgenheit, das auch in lustvollen Kampf übergehen könnte, sobald das Selbst durch das Auftanken in seiner Nähe gestärkt ist.

In fünf Paargruppen krochen dann fünf Patienten in verschiedenen Ecken des Raumes auf fünf erwartungsvolle und auch befangene, ängstliche Therapeuten zu. Die durchschnittliche Entfernung von fünf Metern erschien den »Patienten«, wie sich später herausstellte, als erschöpfend lang, das Thema Demütigung war durchaus im Raum, jedoch auch Lust am Krabbeln, Wut über die aufkommende Regression und die dringliche Erwartung, der Therapeut möge ihrer anstrengenden Annäherung entgegenkommen. Es dominierte meist das Gefühl, mit der schließlichen Berührung des Knies ein Erlebnis von Erholung, Rettung, ja Erlösung zu verspüren, ein »Endlich«, das es erlaubte, die Erschöpfung über den langen Weg wahrzunehmen und die Erschlaffung zu genießen. Die Wahrnehmung, ob der Therapeut Mann oder Frau war, blieb zwar erhalten, war aber nicht dominant. Die Regression verhüllte noch, wegen der Kürze der Zeit, die möglichen erotischen Implikationen. Es gab aber auch Stimmen, die die mögliche Erotisierung wie ein am Horizont grollendes Gewitter wahrnahmen und dieses gleich dem Wolkenschieber im Märchen weit abdrängten.

Ganz anders bei den Kollegen in der Therapeutenrolle. Das Geschlecht des herankriechenden Patienten wurde deutlicher wahrgenommen. Ein Teilnehmer meinte, er habe sich zum ersten Mal in die Beziehung zwischen Klient und Domina einfühlen können. Ein anderer erlebte die Frau auf allen Vieren als einen dunklen Panther, der bedrohlich auf ihn zukroch, und die Hand der Patientin auf seinem Knie erlöste ihn geradezu von diesen ängstigenden Projektionen. Danach habe eine väterlich schützende Haltung überwogen, wobei jegliche anzügliche Einstellung verschwand, nicht aber die gleichzeitige Wahrnehmung des Kindes wie der schönen Frau. Ein weiterer Teilnehmer erlebte sich als mütterlich beschützend und sein eigenes Geschlecht also eher verleugnend, als die Patientin ihn nach ihrem langen und zuletzt vor Anstrengung und Sehnsucht stöhnend zurückgelegten Weg erreichte.

Ein anderer Kollege spürte nicht, daß seine Patientin in ihrer Wut, nach Schutz und Geborgenheit kriechen zu müssen, am liebsten seinen Stuhl umgeworfen hätte, und zwar mit durchaus mörderischen Gefühlen. Er wollte ihr, mit geöffneten Beinen, wie einem Kind einen Hafen zur Landung anbieten, wie er es von seinen Kindern kannte, während ihr seine Sitzhaltung so zweideutig vorkam, daß sie sich ängstlich fragte: »Wie wird das wohl weitergehen?« Die Diskussion ergab, daß man sich als Therapeut durchaus gelassen und im Elternkörper sicher gehalten fühlen kann, unsere Gesten und Haltungen aber immer daraufhin überprüft werden müssen, was sie an Übertragungen nicht nur aufnehmen, sondern auch provozieren können.

Oder, mit den Worten eines erfahrenen amerikanischen Bioenergetikers: »Berührung führt nicht zwangsläufig zur Verschmelzung. Manchmal löst sie Wut, sexuelle Erregung, Angst oder irgendein anderes grundlegendes Gefühl aus, das in der Herkunft des Patienten verleugnet, mißbraucht oder vielleicht ermutigt wurde. Als Therapeuten müssen wir uns der Geschichte des Patienten und der aktuellen Übertragungsbeziehung stets bewußt sein, damit unsere Berührung therapeutisch wirkt und auf die jeweilige Situation bezogen bleibt. Vor allem müssen wir mit den Auswirkungen unserer Berührung verantwortungsvoll umgehen.«*

* Robert Hilton, *Berührung und Berührungsfallen in der Körper-Psychotherapie*, in: Thomas P. Ehrensperger (Hg.), *Bioenergetik im Spannungsfeld der Geschlechter. Liebe, Erotik, Sexualität in der Körperpsychotherapie*, Basel 2000, S. 104f.

Ein homosexueller Kollege, der freudig die Knie seiner Therapeutin betastete, so daß mir als Beobachter ein wenig bange wurde, meinte, er habe sich als übermütiges Kind erlebt, was die Therapeutin, nicht im geringsten beunruhigt, bestätigte; aber wenn der Therapeut ein Mann gewesen wäre, hätte der Umgang mit dem Knie bei ihm zu offener Erotisierung geführt. Wer weiß? Auch homosexuelle Männer brauchen das körperliche Erlebnis stabiler Väterlichkeit. Die Brücke zum anderen Mann besteht nicht immer in sexueller Erregung.

Ich mache einen Unterschied zwischen erotisierter und sexualisierter Nähe. Verkürzt gesagt, sucht die sexualisierte Nähe den Vollzug, die erotisierte Nähe die prickelnde, staunende, erkennende Gegenwart des anderen; letztere kommt auch zwischen Eltern und Kindern vor und ist sogar notwendig zur Entwicklung einer positiven Geschlechtsidentität. Oder ist das zu romantisch gesehen? Die Übergänge zwischen beiden Formen der Nähe sind wichtig. Die Überlappungen wollen erkannt sein. Wäre ich aber selbst verliebt in einen Patienten oder eine Patientin, so wäre ich äußerst zurückhaltend mit Berührung, weil ich nicht mehr unterscheiden könnte, ob die Berührung nun meiner Lust oder dem Wohlergehen des Patienten diente.

Das Geschlecht des anderen in der Therapie auch mit dem Körper zu erkennen ist wichtig; die eigenen Reaktionen nicht zu verdrängen und doch sich der eigenen Grenzen bewußt zu sein; die Polarität zu spüren, den Verzicht zu akzeptieren, aber den bestätigenden Kraftstrom zuzulassen, wenn der Patient aus der Regression heraustreten möchte, sich in einer neuen, erwachseneren Identität darstellt und seine erotische Ausstrahlung überprüfen will.

Es war im beschriebenen Fortbildungsseminar deutlich zu spüren, wie schwer es ist zu erkennen, welches Gefühl oder Verhalten das Primäre ist und welches als Abwehr gegen ein anderes eingesetzt wird. Das Sich-Verkleinern in der Regression kann eine Abwehr erotischer oder sexueller Phantasien oder gar konkreter Wünsche oder Handlungsimpulse bedeuten, sei es eine Abwehr aus Angst vor Ablehnung, vor vermuteter Lächerlichkeit oder vor einem wie immer gearteten Überich. Aber umgekehrt können die spontane Erotisierung und pseudoerwachsenes Verhalten dem Kampf gegen Kleinheit, Demütigung, Haß oder Verschmelzungswünsche dienen. Damit befaßt sich ausführlich Gisela Worm in ihrem Aufsatz *Liebe oder Mißbrauch – zum Umgang mit erotischen Übertragungen*.

Das Schwierigste sind die Mischübertragungen, deren Kern eine Konfusion bildet, die seit der Kindheit nicht aufzulösen war. Der Therapeut gerät leicht selbst in eine induzierte Konfusion, zweifelt an seiner Kompetenz, ja gar daran, ob er noch richtig »tickt«, und dies besonders dann, wenn der Patient eine Übertragung oder eine Handlung präsentiert, die den Therapeuten überrascht und ihn ratlos läßt vor der Frage, auf welcher Ebene er antworten soll. Das Konzept der projektiven Identifikation hat erlaubt, einige, wenn auch anstrengende Klarheit in verworrenes Gelände zu bringen. Es gehört zur Verworrenheit zwischen den verschiedenen Ebenen von früher Verschmelzung bis zu ödipalen Eroberungs- oder Gewaltphantasien, daß auch die körperliche Gegenübertragungsanalyse den Therapeuten vorübergehend im Stich lassen kann. Je nach Übertragung kann der Therapeut sich selbst als potentiell gierig, als lüstern, verwirrt, überprüde, steif oder verängstigt erleben. Es ist wohl am besten, sich selbst die eigene Verwirrung einzugestehen, sie aber stillschweigend auszuhalten, wenn sie den Patienten in einem frühen Stadium der Therapie erschrekken würde. Oft hilft der Umweg über eine genetische Deutung oder die empathische Frage, wie es in der Herkunftsfamilie um die sexuellen Rollen bestellt war, um deren Ansprüche und Grenzen, um die manifesten und latenten Vorgänge. Dann wird der Patient in einen Forschungsprozeß einbezogen, der sozusagen ein drittes Territorium bildet, solange zwischen Sexualisierung und früheren Beziehungsstadien Verwirrung herrscht. Dies bedeutet ohne Zweifel einen Bremsvorgang, einen Abzug von Energie aus dem akuten Stand von Übertragung und Gegenübertragung, aber es ist doch, um im Bild zu bleiben, besser zu bremsen als zu schlittern. Und der Mut, sich erneut ins Getümmel zu stürzen, kann in der Zwischenzeit wieder wachsen.

Ein männlicher Therapeut mag sich ganz gelassen und sicher in seinem Vaterkörper fühlen, wenn er einer Patientin eine haltende Berührung anbietet. Aber er muß auch mitbedenken, welche Übertragungsschübe er durch ein körperliches Interaktionsangebot auslösen kann, das auf starke unbewußte Phantasien und Erinnerungen stößt. Deshalb ist es so wichtig, seine Berührungsphantasie als eine solche Vorstellung erst einmal anzubieten, damit sich das bewußte Ich wie das Unbewußte des Patienten mit diesem Angebot auseinandersetzen können. Oft läuft dann zwischen dem Berührungsangebot und dessen möglicher Realisierung ein intensiver Prozeß, der wichtiges Material zutage fördert und das Arbeitsbündnis festigt. Die Kultur des Fragens ist für den analytischen Körpertherapeuten besonders wichtig. Er fürchtet nur zu oft, aber meist zu Unrecht, durch klärende Fragen die Beziehung zu stören; doch auf seiten des Patienten bedeutet das Fragen meist einen Gewinn: nämlich die Festigung der Überzeugung, daß der Therapeut wirklich der Bundesgenosse des Wachstums und der Orientierung in der verworrenen Landschaft der Seele ist.

Die Hauptgefahr in der analytischen Körperpsychotherapie ist deshalb nicht so sehr die Sexualisierung der Beziehung durch einen der Partner, so kompliziert die möglichen Verstrickungen dabei werden können, wenn man nicht angemessen damit umgeht; sondern viel eher das Verharren in kindlichen Beziehungsformen aus instinktiver Abwehr vor der ödipalen oder adoleszenten Schwelle. Denn die Regression scheint der sicherste Hafen vor den Gefahren der wachsenden Geschlechtsidentität zu sein, die schließlich auch innerhalb der Therapie einen erwachsenen Status anstreben will. Lange Zeit war ich froh und stolz, wenn ich eine verworrene und bedrängende Erotisierung durch die richtige Berührung, verbunden mit den entsprechenden Deutungen, auf ihren kindlichen Ursprung und die frühen Mängelzustände zurückführen konnte, die durch sexuelle Bilder übermalt worden waren. Das brachte Entspannung und eine geruhsame Arbeit an den Entbehrungen der Kindheit. Der männliche Therapeut ist stolz, wenn er auch seine mütterlichen Seiten heilstiftend verwenden kann. Aber der Flirt wie die Konflikte zwischen Mutter und Sohn und Vater und Tochter bis über die Pubertät hinaus (von der Bedeutung der gleichgeschlechtlichen Anziehung zwischen Eltern und Kind einmal abgesehen) sind ebenso wichtig für die Herausbildung und Festigung der sexuellen Identität. Unheilvoll wird die Sache nur durch neurotische Übertreibung und die Verstrickung der Kinder in die Kämpfe zwischen den Eltern.

Also ist das Werben auch in bestimmten Phasen der Therapie wichtig; nur muß dabei klar sein, daß es sich abspielt in einem Zwischenreich der Andeutung, der symbolischen Bestätigung ebenso wie der anerkennenden Provokation. Es darf und muß dazu kommen, daß die therapeutischen Partner sich mit den Augen des Mannes bzw. der Frau betrachten können, und ein gewisses Maß an prüfender Begehrlichkeit mag in einem fortgeschrittenen Stadium der Therapie eine Rolle spielen. Sie kann um so leichter zugelassen werden, wenn sich der Therapeut seiner Zentrierung und Abgegrenztheit sicher ist. Dieses Thema tritt in der analytischen Körperpsychotherapie eher zutage als auf der Couch oder beim unveränderlichen Sessel-Arrangement, weil die Körper auch durch die Arbeit mit Berührung und

Bewegung viel stärker wahrgenommen werden. Der Körper des Patienten zeigt sich, schämt sich, windet sich, produziert sich, und er stellt laufend Fragen: Bin ich häßlich, entstellt, schön, zu dick, beweglich, lahm, starr, anmutig, eklig, verführerisch? Die frühen Wunden wie die frühen Hoffnungen brechen auf unter dem Blick und der Berührung des Therapeuten, der diese Fragen in der Regel nicht sofort und direkt beantworten wird. Aber er weiß, daß sie nicht nur aus dem Kinderkörper, sondern auch aus dem der erwachsenen Person kommen, die nach der Stunde wieder unter Erwachsene geht. Aus der meist heimlichen Beobachtung der Körperlichkeit des anderen sollte ein zunehmend offenes Beachten und Beobachten werden dürfen, das eine erotische Spannung zuläßt, ohne sie auszuagieren. Bob Ware, George Downing, Niklaus Roth, Gisela Worm, Dagmar Hoffmann-Axthelm und andere haben darüber in differenzierter Weise reflektiert.

Schlußwort für Psychoanalytiker: Wie könnte ein neuer Anfang mit einzelnen Patienten aussehen?

Die Zeiten der feindseligen Isolierung im analytischen Milieu wegen Annäherung an die Körperpsychotherapie sind zum großen Teil vorüber, von den Versuchen einiger Nachzügler einmal abgesehen. Eher stößt man gelegentlich auf eine scheue Achtung und Neugier. Keiner der Kollegen, die sich in Vorträgen, Seminaren oder Publikationen zu ihrer analytischen Körper-Arbeit bekennen, ist aus einem Verband ausgeschlossen oder auch nur konkret damit bedroht worden. Schwierigkeiten gibt es noch bei den Kassengutachten, wo es nach wie vor ratsam ist, mit den körpertherapeutischen Anteilen im Gutachten sparsam umzugehen. Aber ich schreibe, wenn ich es diagnostisch und behandlungstechnisch gut begründen kann, einige Interaktionen hinein und analysiere die Indikationen und die Auswirkungen, hoffe dabei sogar auf eine aufklärerische Wirkung. Außer einer Ermahnung durch einen älteren Gutachter ist mir bisher kein Leid geschehen.

Die analytische Körperpsychotherapie bietet die Möglichkeit, sie mit kleinen Schritten auf der Couch einzuführen, und man kann es, je nach dem eigenen Temperament und der Lust am Experiment im Dienste der Gesundung des Patienten, auch bei solch kleinen Schritten belassen, weil sie bereits eine große symbolische Bedeutung haben; also etwa beim Halten der Hand oder der Berührung des Kopfes. Alle meine Formen der Interaktion sind ohnehin nur als ein offenes Inventar zu sehen, aus dem ich selbst schöpfe und aus dem auch der Therapeut, der sein Repertoire erweitern möchte, schöpfen kann. Alle Vorschläge für den Körperdialog sind vielfach erprobt, und ich versuchte deshalb, die gängigsten Übertragungs- und Gegenübertragungsgefühle mit zu formulieren, damit das für viele Kollegen neuartige Gelände schon ein wenig kartographiert ist, bevor sie es betreten oder erweitern möchten. Für die in Körperpsychotherapie erfahreneren Kollegen mag vieles eine Bestätigung oder Rekapitulation oder eine erneute Ermutigung zum verantwortungsvollen Experimentieren sein. Es sei aber noch einmal betont, daß jeder Therapeut und Analytiker darauf achten muß, welche Formen der Berührung für ihn stimmig und förderlich sind. Bei manchen Patienten reicht eine einzige Berührung, um einen stagnierenden Prozeß wieder in Fluß zu bringen, weil vielleicht eine wichtige unbewußte Frage beantwortet oder eine immer verheimlichte Befürchtung entdeckt worden ist. Das Zusammenspiel von Berührung und Aufarbeitung muß ohnehin in jedem Fall aufs neue gefunden und gelöst werden.

Bei den meisten körpertherapeutischen Interaktionen stellen der erste Vorschlag und dessen Realisierung eine Überraschung dar. Ich könnte mir denken, daß schon diese Tatsache für manche Psychoanalytiker, die es eher mit der abwartenden Neutralität halten, einen Übergriff oder eine Manipulation bedeutet. Und in der Tat bewirkt ein Vorschlag, der das Verhältnis von Nähe und Distanz plötzlich verändert, einen unerwarteten Wechsel in der Atmosphäre, den man gelegentlich sogar als eine Überrumpelung bezeichnen könnte. Es gibt allerdings auch analytische Theoretiker, die gerade das Moment der Überraschung, wenn auch im Bereich von Deutung oder empathischer Konfrontation, als ein wichtiges Medium der Veränderung bezeichnen. Die meisten körpertherapeutischen Überraschungen erweisen sich später als Übergang zu neuen Kraftquellen und als Ermutigung zu neuer Arbeit, wenn sie verantwortungsvoll, mit Sympathie, im Dienste des Prozesses und aus erlebter und (bzw. oder) durchdachter Übertragung und

Gegenübertragung heraus angeboten werden. Allerdings ist es wichtig, wenigstens nachträglich zu fragen, ob der Patient ex post der Überraschung zustimmen kann; was er bei ihr gefühlt hat und ob er »sanfte Überrumpelungen«, die ohne Zweifel die Ausnahme beim Herangehen an eine Interaktion sein müssen, in jedem Fall ausschließen will. Dies ist ein heikles Thema, und es ist wichtig, daß der Therapeut den Patienten gut kennt und weiß, was er ihm zumuten kann.

Die Möglichkeiten der körpertherapeutischen Fortbildung sind heute zahlreich, wenn es auch einer gewissen Geduld bei der Suche bedarf, um das jeweils Geeignete herauszufinden. Es gibt Supervisionsgruppen, Selbsterfahrungsgruppen, körpertherapeutische Einzelbehandlungen, therapeutische Fallberichte und einführende Literatur. Bei meinen Seminaren mit tiefenpsychologisch orientierten Therapeuten und Psychoanalytikern war ein Teil der Arbeit immer der Milderung des analytischen Überichs gewidmet. Gelegentlich setzten wir einen Kollegen auf einen leeren Stuhl, der sich dann in die Rolle des »Hausgeistes« seines jeweiligen Institutes begab; erstaunt lauschten wir, was er, ermutigt durch dieses Rollenspiel, zu kritisieren hatte, wie er seine eigenen strengen Gewissensinhalte betrachtete. Auf einem solchen Fortbildungsseminar fragte mich ein junger Analytiker, ob mir bekannt sei, daß ich in meiner Berufsvereinigung als »Schmuddelkind« gelte; und mit einem solch fragwürdigen Mann wolle er eigentlich nichts zu tun haben.

Auf der anderen Seite hat ein Analytiker oder tiefenpsychologisch orientierter Therapeut, der sich der Körperarbeit annähern möchte, manchmal einfach Angst, was mit ihm passiert, wenn er einen Patienten berührt, Angst auch, was mit dem Patienten geschieht. Die Triebtheorie mit dem begleitenden Verdacht der Sexualisierung aller Berührung, die in der Krankheitslehre allmählich verabschiedet wird, hat im Überich der Behandlungstechnik der Psychoanalyse noch eine recht stabile, einschüchternde, warnende oder gar drohende Stimme. Wenn sich also jemand zum ersten Mal entschließt, Körperarbeit in die Behandlung miteinzubeziehen, dann erscheint die erste Berührung als eine aufregende Gefahr, als vielleicht nicht wiedergutzumachender Fehltritt. Ist das aber erst einmal überstanden, und sind die günstigen Wirkungen mit Erstaunen registriert, dann fallen die nächsten Schritte leichter. Meist ist es ein einzelner Patient, der das Berührtwerden mit solcher – direkten oder indirekten, verbalen oder averbalen – Dringlichkeit anmahnt, daß er einem über die Schwelle hilft. Rückblickend ist der Analytiker dann erstaunt, mit welchen Mitteln er sich seit Wochen oder Monaten dagegen gewehrt hat, die Indikation der Berührung zuzulassen. Er hat einen langen Kampf hinter sich gebracht; er war dem Patienten während dieser Phase vielleicht sogar böse, weil ihn dessen Hungerelend auf der Couch so tief berührt und belastet hat; oder er sah sich über längere Zeit verstrickt in den Dschungel der projektiven Identifikation, wo er sich von fremden Mächten bedroht und besessen fühlte und den Patienten mit dem Teufel im Bunde erlebte. Nach all diesen anfänglichen Schwierigkeiten hört er aber dann vielleicht, daß er nicht mehr der einzige ist, der mit Berührung arbeitet, sondern daß eine wachsende Zahl von Kollegen sich nicht mehr scheut, Körperarbeit miteinzubeziehen. Damit ist also der Weg bereit für den Austausch in Intervisionsgruppen, und seien sie noch so klein. Von dem psychoanalytisch orientierten Bioenergetiker Robert Alan Lewis, der großen Wert auf die Beziehungsanalyse legt, stammt der Satz, den er auf einer großen Ausbildungskonferenz formulierte:

»Lassen Sie mich von vornherein sagen, das ich nicht vorschlage, jeder solle so arbeiten wie ich. Meine Art, interaktiv und körpernah zu arbeiten, ist, wenn es klinisch indiziert ist, für mich richtig. Sie ist während vieler Jahre langsam entstanden. Es empfiehlt sich, langsam und konservativ zu beginnen und so zu arbeiten, wie es für einen selbst stimmig ist. Behalten Sie eine gesunde Unsicherheit bei. Suchen Sie Hilfe, *bevor* Sie in größere Verstrickungen hineingeraten.« (2000, S. 52)

Schließlich ist der Analytiker zunehmend mit der Nachfrage auf seiten der Patienten konfrontiert, ob er auch den Körper in die Behandlung einbeziehe. Das sind meist belesene und erfahrene Patienten, die vielleicht, neben einer nur halb fruchtbaren Analyse, auch schon eine Körpertherapie hinter sich haben, in der aber, neben der Mobilisierung von starken Gefühlen, die Arbeit an der Beziehung zwischen Therapeut und Patient fehlte. Deshalb suchen sie einen analytisch orientierten Therapeuten auf, in der Hoffnung, nicht wählen zu müssen zwischen beziehungsscheuer Körpertherapie und körperscheuer Beziehungsanalyse.

Schlußwort
für nicht tiefenpsychologisch oder beziehungsanalytisch orientierte Körpertherapeuten

Körpertherapie kann oft zaubern, was die Mobilisierung von Affekten und das Tempo wie die Wucht angeht, mit denen sie tief verborgenes Material an die Oberfläche zu holen vermag. Ich habe in primärtherapeutischen Seminaren Teilnehmer beobachtet, die nach nur wenigen Stunden die Qualen ihrer Geburt schreiend nacherlebten. Auf Anhieb konnten Patienten oder Kollegen in bioenergetischen Workshops durch ausdauerndes Schlagen oder durch das Einnehmen von Streßpositionen den Urhaß auf Vater oder Mutter ausdrücken. Ich konnte auf Bonding-Seminaren dieses rasch ausbrechende Geschrei miterleben und auch daran teilnehmen und hatte das zwiespältige Gefühl vom raschen Einstieg in den Fahrstuhl in die Tiefe, bei oft nicht ausreichender Verarbeitung nach dem »Wiederauftauchen« und bei weitgehendem Ausblenden der Beziehung zu den Therapeuten, die oft in Großgruppen agieren und eher als Anheizer und Dompteure fungieren. Ich habe Atemtherapeuten berichten gehört und gespürt, wie sie mit hoher Sensibilität die Seele über den Körper erreichen, sich aber der entstehenden Beziehung kaum annehmen. Ähnliches gilt wohl für manche Formen der biodynamischen Therapie, wo das Charisma der Leiter die Beziehungsprobleme überspielt. Damit möchte ich diese Therapieformen nicht im geringsten entwerten, sondern darauf hinweisen, daß es eventuelle Leerstellen im therapeutischen Umgang mit Beziehung, Übertragung und Gegenübertragung gibt, so wie es in der Psychoanalyse große Leerstellen im Umgang mit dem Körper gibt.

Es ist keine Schande, sich auch als fortgeschrittener Körpertherapeut diesen komplizierten und oft genug verdeckten Phänomenen der Beziehung zuzuwenden. Alle diese Körper-Therapieformen, einschließlich der vielen nicht genannten Methoden, könnten sich durch einen heilsamen Umgang mit der Beziehung als effizienter erweisen, und die Zahl der oft rätselhaften Verstrickungen und der Abbrüche von Behandlungen ließe sich verringern. Von daher rührt das negative Urteil der Tiefenpsychologen, wenn die verschreckten, antherapierten oder auch »aufgerissenen« Patienten dort landen, wie auch umgekehrt die Körpertherapeuten sich genießerisch oder entsetzt die Haare raufen, wenn sie Patienten, verzweifelt oder erstarrt trotz oder wegen langjähriger Analyse, zu sehen bekommen. Die förderlichen Austauschprozesse könnten in beiden Richtungen verlaufen: von der Psychoanalyse zur Körpertherapie und zurück, was zu einem breiteren tiefenpsychologischen Instrumentarium führen würde. Gelegentlich ist auf beiden Seiten eine Schamschwelle zu überschreiten, weil jeder, der eine psychotherapeutische Ausbildung durchlaufen hat, doch denkt, sie sei voll tauglich und als seelisches Breitbandtherapeutikum einsetzbar. Das ist aber nicht der Fall. Es läßt sich von der Kompetenz des anderen viel lernen, am meisten durch den langsamen Prozeß der Integration von zunächst separat vermittelten Kompetenzen hin zu einem dem eigenen Temperament und der eigenen Kreativität am meisten förderlichen inneren Kurs. Der mag freilich nicht immer den vorgegebenen Linien einer auf hohe Identifizierung mit der jeweiligen Lehre pochenden Schule folgen.

Literaturhinweise

Anonyma (1988), Verführung auf der Couch. Freiburg

Brisch, Karl Heinz (1999), Bindungsstörungen. Von der Bindungstheorie zur Therapie. Stuttgart

Cremerius, Johannes (1983), »Sprachverwirrung zwischen dem Erwachsenen und dem Kind. Die Sprache der Zärtlichkeit und der Leidenschaft«, Reflexionen zu Sándor Ferenczis Wiesbadener Vortrag 1932, Psyche 37, 988-1051. Nachgedruckt in: Cremerius (1998), Arbeitsberichte aus der psychoanalytischen Praxis. Tübingen

Dornes, Martin (1993), Der kompetente Säugling. Die präverbale Entwicklung des Menschen. Frankfurt

– (1997), Die frühe Kindheit. Entwicklungspsychologie der ersten Lebensjahre. Frankfurt

Downing, George (1996), Körper und Wort in der Psychotherapie. München

– (2000), Gedanken zur Sexualität. In: Ehrensperger (Hg., 2000)

Ehrensperger, Thomas P. (Hg., 1996), Zwischen Himmel und Erde. Beiträge zum Grounding-Konzept, Reihe Körper und Seele, Bd. 5. Basel

– (Hg., 2000), Bioenergetik im Spannungsfeld der Geschlechter. Liebe, Erotik, Sexualität in der Körperpsychotherapie, Reihe Körper und Seele, Bd. 6. Basel

Freud, Sigmund (1991), Über die weibliche Sexualität. In: ders., Gesammelte Werke, Bd. 14, 517-537. Frankfurt

Geissler, Peter (1997), Analytische Körperpsychotherapie. Bioenergetische und psychoanalytische Grundlagen und aktuelle Trends. Wien

Heisterkamp, Günter (1993), Heilsame Berührungen. Praxis leibfundierter analytischer Psychotherapie. München

– (1994), Die leibliche Dimension im psychoanalytischen Dialog. In: Heigl-Evers, A., Heigl, F., Ott, J., Rüger, U. (Hg.), Lehrbuch der Psychotherapie. Stuttgart und Jena

Hilton, Robert (2000), Berührung und Berührungsfallen in der Körper-Psychotherapie. In: Ehrensperger (Hg., 2000)

Hoffmann-Axthelm, Dagmar (Hg., 1989), Körper und Seele, Reihe Körper und Seele, Bd. 1. Dortmund
– (Hg., 1991), Der Körper in der Psychotherapie, Reihe Körper und Seele, Bd. 2. Oldenburg
– (Hg., 1992), Verführung in Kindheit und Psychotherapie, Reihe Körper und Seele, Bd. 3. Oldenburg
– (Hg., 1994), Schock und Berührung, Reihe Körper und Seele, Bd. 4. Oldenburg
– (2000), Männer, die zu Müttern werden: das Geschlecht der therapeutischen Person – eine zu vernachlässigende Größe? In: Ehrensperger (Hg., 2000)
Kast, Verena (1991), Freude – Inspiration – Hoffnung. Olten und Freiburg
Lewis, Robert Alan (2000), Vignetten zu Fragen der erotischen Übertragung und Gegenübertragung in der bioenergetischen Analyse. In: Ehrensperger (Hg., 2000)
Loch, Wolfgang (1974), Der Analytiker als Gesetzgeber und Lehrer, Psyche 28, 431-460
Moser, Tilmann (1984), Kompaß der Seele. Frankfurt
– (1986), Das erste Jahr, Nachwort von Niklaus Roth. Frankfurt
– (1987), Der Psychoanalytiker als sprechende Attrappe. Frankfurt
– (1989), Körpertherapeutische Phantasien. Frankfurt
– (1992), Stundenbuch. Protokolle aus der Körperpsychotherapie. Frankfurt
– (1992), Vorsicht Berührung. Über Sexualisierung, Spaltung, NS-Erbe und Stasi-Angst. Frankfurt
– (1993), Der Erlöser der Mutter auf dem Weg zu sich selbst. Eine Körperpsychotherapie. Frankfurt
– (1994), Ödipus in Panik und Triumph. Eine Körperpsychotherapie. Frankfurt
– (1996), Dämonische Figuren. Die Wiederkehr des Dritten Reiches in der Psychotherapie. Frankfurt
Moser, Tilmann und Albert Pesso (1991), Strukturen des Unbewußten. Protokolle und Kommentare. Stuttgart
Pesso, Albert (1973), Dramaturgie des Unbewußten. Stuttgart
Peter, Hans (1989), Integration von Psychoanalyse und Bioenergetik in der Person und Rolle des Therapeuten. In: Hoffmann-Axthelm (Hg., 1989)

Petri, Horst (1999), Das Drama der Vaterentbehrung. Chaos der Gefühle – Kräfte der Heilung. Freiburg

Roth, Niklaus (2000), Die sexuelle Energie als Herausforderung der psychotherapeutischen Arbeit und ihrer Supervision. In: Ehrensperger (Hg., 2000)

Sèchehaye, Marguerite (1986), Eine Psychotherapie der Schizophrenen. Die Methode der symbolischen Wunscherfüllung. Stuttgart

Ware, Robert C. (2001), Krise der Sexualisierung und »Gebrauch der Lüste«. In: Geissler, P. (Hg., 2001), Über den Körper zur Sexualität finden. Gießen

Worm, Gisela (1992), Über die Schwierigkeit therapeutischer Beziehung anhand des Schicksals der »Verführungstheorie«. In: Hoffmann-Axthelm (Hg., 1992)

– (2000), Liebe oder Mißbrauch – zum Umgang mit erotischen Übertragungen. In: Ehrensperger (Hg., 2000)

Yalom, Irvin D. (1998), Die rote Couch. München

Tilmann Moser
im Suhrkamp Verlag

Besuche bei Brüdern und Schwestern. es 1686. 196 Seiten

Dämonische Figuren. Die Wiederkehr des Dritten Reiches in der Psychotherapie. st 3193. 352 Seiten

Eine fast normale Familie. Über Theater und Gruppentherapie. es 1223. 150 Seiten

Der Erlöser der Mutter auf dem Weg zu sich selbst. Eine Körperpsychotherapie. st 2564. 140 Seiten

Das erste Jahr. Eine psychoanalytische Behandlung. Mit einem Nachwort von Niklaus Roth. st 1573. 196 Seiten

Familienkrieg. Wie Christof, Vroni und Annette die Trennung der Eltern erleben. st 1169 und Leinen. 268 Seiten

Gottesvergiftung. st 533. 101 Seiten

Grammatik der Gefühle. Mutmaßungen über die ersten Lebensjahre. st 897 und Englische Broschur. 129 Seiten

Körpertherapeutische Phantasien. Psychoanalytische Fallgeschichten neu betrachtet. st 1896 und kartoniert. 221 Seiten

Kompaß der Seele. Ein Leitfaden für Psychotherapie-Patienten. st 1340 und Broschur. 176 Seiten

Lehrjahre auf der Couch. Bruchstücke meiner Psychoanalyse. st 352. 244 Seiten

NF 287/1/12.00

Mutterkreuz und Hexenkind. Eine Gewissensbildung im Dritten Reich. 144 Seiten. Gebunden

Ödipus in Panik und Triumph. Eine Körperpsychotherapie. st 2652 und kartoniert. 182 Seiten

Politik und seelischer Untergrund. Aufsätze und Vorträge. st 2258. 204 Seiten

Repressive Kriminalpsychiatrie. Vom Elend einer Wissenschaft. es 419. 241 Seiten

Romane als Krankengeschichten. Über Handke, Meckel und Martin Walser. es 1304. 175 Seiten

Strukturen des Unbewußten. Protokolle und Kommentare. st 2836. 174 Seiten

Stufen der Nähe. Ein Lehrstück für Liebende. st 978 und Englische Broschur. 141 Seiten

Stundenbuch. Protokolle aus der Körperpsychotherapie. st 2306 und kartoniert. 208 Seiten

Das zerstrittene Selbst. Berichte, Aufsätze, Rezensionen. st 1733. 259 Seiten

Lehrfilme von Tilmann Moser

Zum Thema Psychoanalyse und Körperarbeit gibt es einen anderthalbstündigen Lehrfilm mit dem Titel *Symbiose, Halt und Abgrenzung* sowie einen zweistündigen Lehrfilm mit dem Titel *Vaterkörper, Geburt und Symbolbildung.* Beide Filme sind als Videos beim Autor erhältlich (Urachstraße 25, 79102 Freiburg).

NF 287/2/12.00